상담학자와 함께 읽는
이솝 우화

상담학자와 함께 읽는
이솝 우화

A E S O P

FABLE

삶의 역경 앞에서 발견한
가장 오래된 지혜

문예출판사

이솝 지음 | 김욱동 옮김
권수영 · 김태우 · 이헌주 교훈

우리가 어린 시절 한창 상상의 날개를 마음껏 펼칠 무렵 읽었던 책들이 있다. 우화나 동화 같은 책들이다. 거기에선 동물과 곤충이 서로 대화하고, 때로는 바위와 나무도 주인공이 되곤 했다. 때로는 신화 속 인물이 마법을 부리기도 하고 하늘을 날아다니기도 했다. 이런 우화들은 합리적인 이성이 자리 잡을 때쯤 되면 점점 우리의 손에서 멀어지기 시작한다. 비합리적인 내용 때문이다. 그때부터 우리가 우화를 잊고 산 건 당연한 귀결이고, 잘한 선택일까?

1860년대 프랑스의 신경학자 폴 브로카Paul Broca는 뇌의 좌반구가 언어 구사 능력을 조절한다는 사실을 밝혀냈다. 그 이후로 우리는 자연스럽게 우리를 인간답게 만드는 데 중요한 역할을 하는 뇌는 합리적인 이성을 관장하는 좌뇌라고 믿기 시작했다. 이러한 견해가 100년 가까이 지속되다가 캘리포니아 공과대학의 로저 스페리Roger Sperry 교수는 뇌에 대한 획기적인 학설을 발표했다. 인간 뇌에서 열등한 기능을 담당한다고 여겨온 우반구가 실제로는 창조적이고 특별한 정신적 임무를 수행하는 데 더 많은 역할을 한다는 것이다. 좌뇌는 순차적으로 반응하고 분석에 뛰어난 한편, 우뇌는 종합적으로 사고하고 패턴을 감지하며 감정이나 비언어적 표현을 해석한다는 점을 밝혀냈다. 스페리 교수는 이 연구로 노벨의학상을 받았다.

나는 오래전 책꽂이 구석에 내팽개쳐둔 우화를 통해 우리의 좌뇌뿐 아니라 우뇌를 충분히 가동할 수 있다고 믿는다. 우리의 좌뇌는 자꾸 본문text의 논리적인 해석에 집중하지만, 우화는 우리 우뇌가 본문 뒤의 문맥context을 무한대로 상상하도록 유도하기 때문이다. 좌뇌는 어떻게 사자와 여우가 친구가 될 수 있는지 분석하고자 하지만, 우뇌는 사자와 여우의 관계를 우리 자신의 삶으로 확장해 큰 그림을 그리도록 돕는다. 좌뇌는 우화에 등장하는 사자와 여우와 말과 수사슴을 분류하는 것에 집중하지만, 우뇌는 그들의 관계에 초점을 맞추고 더 나아가 우리가 맺는 다양한 관계를 상상하는 일이 가능하도록 돕는다.

이미 성인이 되었다고 해도 우화는 좌뇌와 우뇌를 모두 사용하는 흔치 않은 기회를 제공한다. 우화를 통해 우리의 삶을 반추하고 싶은 바람이 있다면 더더욱 그저 논리로만 우화를 읽어서는 안 된다. 우뇌의 주요 기능인 상상의 날개를 펼칠 때 우리는 우화 안에 있는 대상과 자유롭게 만나고, 그 대상의 마음과 내 마음을 견주어볼 수 있다. 이때 우화는 논리적인 독해의 대상이기보다는 내 자신을 비춰 보는 거울mirror이 된다.

논리가 전혀 성립되지 않는 삶의 모순 앞에서는 더더욱 무한한 상상력이 절대적으로 필요하다. 하지만 이런 상상력은 아주 오래전 우리가 동화책에 파묻혀 살 때 활짝 꽃을 피웠다가 성인이 되고 나면 깊은 땅속에 묻히는 경우가 많다. 지금이라도 우리는 상상력을 살려낼 방법을 찾아야 한다. 우화는 우리의 죽은 우뇌의 상상력을 부활시키도록 우리를 초대하고 있다. 이것이 우리가 잊고 살았던 우화의 숨은 저력이다.

《이솝 우화》의 맨 첫 장을 장식하는 우화는 〈여우와 포도〉 이야기다. 이 이야기를 다시 읽자마자 나는 30여 년 전 상담학을 처음 공부하면서 읽었던 정신분석학 교과서가 떠올랐다. 우화에서 여우는 포도를 먹으려던 바람이 무너질 때마다 그 상실감을 감출 방어기제를 발견한다. 포도 맛이 매우 시기 때문에 먹기를 포기했다고 '합리화'하는 식으로 말이다. 우리도 여우처럼 살 때가 참으로 많다. 실패감이나 상실감 대신 '합리화'라는 방패를 사용하면 우리는 감추고 싶은 속내를 살짝 피해갈 수 있다.

합리화를 평생의 무기로 삼고 현실에서 도피하면서 살아온 내담자가 나를 찾아온다면, 나는 여우의 모습에서 자기 모습을 비춰 보라고 권하고 싶어졌다. 내담자는 우화 속 여우라는 거울에 자신을 어떻게 비춰 볼까? 아마도 이솝이 간사하고 꾀가 많은 동물로 널리 회자되는 여우를 이 우화의 주인공으로 삼은 이유가 있으리라. 여우의 해결책이 잠시 자기 마음속 괴로움을 피할 기교일 수는 있겠지만, 평생 합리화를 무기로 살 수는 없는 법이다. 당당하게 자기 내면을 드러낼 용기도 필요하다.

나와 내담자는 우화에 다 드러나지 않은 여우의 미래를 함께 상상해볼 수도 있을 것이다. 여우는 어떤 다른 선택을 할 수 있을까? 응당 먹어야 했던 포도인데도, 자신의 부족함으로 재차 맛보지 못했다면 가끔은 그 속상한 마음을 누군가에게 털어놓을 수 있어야 한다. 짧은 우화이지만 우화에 자신을 비춰 보면서, 내담자는 여우처럼 잔꾀를 부리는 자기 모습을 바꿔볼 용기를 가질 수도 있지 않을까? 우화를 통해 그간 꼭꼭 감춰왔던 깊은 상처를 상담사에게 꺼내놓을 수 있다면 엄청난 치유의 장이 열리게 될 것이다.

우리에게 《이솝 우화》는 어떤 책인가? 누구나 비껴갈 수 없는 고전 중의 고전이다. 50여 년 만에 《이솝 우화》를 다시 읽으면서 나는 마음속 깊이 확신이 하나 생겼다. 《이솝 우화》를 그저 우리가 어린 시절 반드시 거쳐가야 할 고전 문학 작품이라고만 여긴다면, 《이솝 우화》가 가진 가치의 반의반도 맛보지 못한 거라는 생각이 들었다. 그래서 이 책을 다시 읽으면서 30년 가까이 인간의 마음과 치유를 연구한 상담학자로서 이 책을 우리 일상의 구석구석을 비추는 거울로 삼기로 했다. 우리 자신과 우리가 사는 세상에 대한 상상을 펼쳐보는 데 이만한 책은 없으리라는 확신이 몰려왔다. 그렇게 이 책 《상담학자와 함께 읽는 이솝 우화》는 우리의 일상과 마음을 돌보는 데 도움을 주는 인문 교양서이자 심리 교양서로 재탄생했다.

각 우화를 읽고 나서 잠시 눈을 감고 그 이야기로 자신을 비춰 보라. 자신감 넘치는 토끼가 자신을 닮았는지, 아니면 거북이의 답답한 마음이 느껴지는지 우화 속으로 들어가보라. 우리의 우뇌는 등장 동물들이 보여주는 의미의 지평과 우리 일상의 지평을 자연스레 연결할 것이다. 이 책을 통해 나는 여러분이 어린 시절 이후에 마음 한구석에 가만히 숨겨둔 상상력을 다시 꺼내기를 바란다. 여러분의 상상력이 다시 시동을 건다면 우화의 지평과 여러분의 지평이 만나 융합되면서 그동안 인식하지 못한 놀라운 통찰과 지혜를 발견하리라 굳게 믿는다.

나와 더불어 두 명의 상담학자가 함께 상상하고 성찰하면서 남긴 짧은 교훈도 읽어보라. 상담학자들의 해설이 여러분이 모처럼 해묵은 상상력을 재가동할 때 적절한 윤활유 역할을 할 수 있다면 더 바랄 게 없겠다. 오래전 우리가 만났건만 이내 잊고 살았던 《이솝 우화》의 세계로 여러분을 정중하게 초청한다.

2024년 3월
연세대학교 연구실에서
교훈 대표 저자 권수영

차례

1
여전히 어렵기만 한 삶, 어떻게 살 것인가?

2

세상을 이해하고 사람을 얻는 삶의 지혜

3

나도 나를 모르고 당신은 더 몰라서

4

나답게 행복하게 관계 맺기 위하여

일러두기

– 이 책은 1991년 '뉴 아메리칸 라이브러리New American Library'에서 발행한 시그넷클래식 《이솝 우화
  Aesop's Fables》를 번역 저본으로 삼았으며, 원서에 수록된 203편 중 180편을 골라 주제별로 재구성했다.

– 본문의 주석은 모두 옮긴이 주다.

– 우화에 등장하는 그리스·로마 신화 속 신과 인물의 이름은 그리스 신화의 표기를 따랐다.

– 이 책에 나오는 인명과 책 제목은 독자의 이해를 돕기 위해 필요한 경우에 원어를 병기하고, 널리 알려져 있
  거나 중요도가 높지 않은 경우는 생략했다.

1

여전히 어렵기만 한 삶,
어떻게 살 것인가?

여우와 포도

The Fox and the Grapes

어느 날 굶주린 여우 한 마리가 포도밭에 몰래 들어갔다. 그 포도밭에는 잘 익고 탐스러운 포도송이가 아주 먹음직스럽게 시렁 위에 높이 매달려 있었다. 여우는 이 탐스러운 포도송이를 따려고 몇 번이나 높이 뛰어올랐지만 번번이 헛수고였다. 마침내 여우는 실패를 인정할 수밖에 없었다. 여우는 뒤로 물러나 이렇게 혼잣말로 중얼거렸다.

"따지 못해도 괜찮아! 어차피 시고 맛없을 텐데, 뭐!"

신 포도를 포기하고 돌아서는 여우의 마음을 우리는 어떻게 진단할 수 있을까? 상담학자의 눈으로 보면 여우는 '합리화rationalization'라는 방어기제를 사용 중이다. 마음속에서 불편함을 느끼면 더 큰 무력감에 빠지지 않도록 도와주는 마음의 자동 제어 장치다.

얼마나 다행인지 모른다. 포도를 먹지 못하는 자신의 처지를 한탄하고 절망하는 것보다는 훨씬 낫다. 단, 마음속 감정을 방어만 하고 살 수는 없다. 맛있는 포도를 먹지 못하는 일이 자꾸 반복되면 합리화는 답이 아니기 때문이다. 그때는 어떻게 해야 할까?

아무리 신 포도라도 실은 너무나 먹고 싶었다고 솔직히 이야기할 수 있는 사람이 필요하다. 그리고 그런 바람이 무너져서 자신이 때때로 무력하게 느껴진다고 담담하게 털어놓을 수 있으면 더욱 좋다.

지금 그럴 만한 사람이 주변에 단 한 사람도 없다면 신중히 그 한 사람을 반드시 찾아야 한다. 포도에 대한 숨겨진 바람과 자신의 바람이 이루어지지 않을 때 느끼는 감정을 세상 사람 모두에게 숨길 필요는 전혀 없다. 가장 안전한 가족이나 친구, 그 단 한 사람이라도 만나 자신의 숨겨진 마음을 나눈다면 꽉 막힌 마음에 한결 숨통이 트인다.

아낙네와 살찐 암탉

The Woman and the Fat Hen

어느 아낙네가 매일 아침 달걀을 하나씩 낳는 암탉 한 마리를 기르고 있었다. 달걀은 크고 맛이 아주 좋아서 비싼 값에 팔려나갔다. 그래서 이 아낙네는 어느 날 마음속으로 이렇게 생각했다.

'만약 이 암탉에게 모이로 주는 보리쌀을 두 배로 늘려준다면 하루에 두 번씩 달걀을 낳을 테지.'

그래서 아낙네는 곧바로 그 계획을 실천에 옮겼다. 그랬더니 암탉은 몸이 몹시 뚱뚱해지고 게을러져 더는 달걀을 낳지 않았다.

21

한국인만큼 칭찬에 인색한 사람도 없는 듯하다. 가족 구성원이 작은 성취라도 만들어냈다면, 당연히 그 성과에 충분히 기뻐하고 만족할 줄 알아야 한다. 그러나 한국인 대부분은 잘했으니 더 잘할 수 있겠다고 여기고 오히려 상대방에게 더 큰 압박을 준다. 겸양의 덕까지 강요하면서.

비근한 예를 들어보면, 어떤 부모는 아이가 90점의 성적을 받았다고 하면 기뻐하기보다는 나머지 10점을 어떻게 올릴지부터 고민한다. '좀 더 잔소리하면 성적이 더 올라가겠지.' '더 많은 학원을 보내면 한 등급 올릴 수 있을 거야.'

이렇게 하다 보면 아이는 어느 순간 막대한 부담감과 통제 불가능한 스트레스를 느끼기 시작한다. 갑자기 성적이 떨어진다. 학원은 물론 학교에도 흥미를 잃는다. 부모의 너무나 큰 기대 때문에 동기를 잃어버린 것이다.

특히 우리는 소중한 누군가가 무엇인가를 잘했을 때, 자꾸 결과에만 집착한다. 오히려 결과보다 그 과정 중의 노고를 충분히 인정하고 공감해주는 게 참으로 중요하다. 이런 터전이라야 우리가 사랑하는 그 사람은 기쁜 마음으로 또다시 동기를 강화해 스스로 더욱 멋진 결과를 만들어낼 수 있다.

매와 비둘기들

비둘기 몇 마리가 오랫동안 매를 무서워하며 살고 있었다. 그러나 언제나 경계심을 늦추지 않는 데다 비둘기 둥지 가까이에만 머물렀기 때문에 그럭저럭 적의 공격을 피할 수 있었다. 비둘기들에게 접근하는 게 여의치 않자, 매는 꾀를 부려 비둘기들을 속이기로 했다. 매가 비둘기들에게 물었다.

"내가 솔개의 공격에서 너희를 보호해줄 수 있는데, 왜 그렇게 걱정하면서 사니? 나를 너희 왕으로 모시기만 하면 돼. 그러면 난 너희를 더는 괴롭히지 않을 거야."

이 말을 듣고 비둘기들은 매를 왕으로 뽑았지만 왕으로 추대되자마자 매는 왕의 특권을 행사하여 날마다 비둘기를 한 마리씩 잡아먹었다. 잡아먹힐 차례가 된 불쌍한 비둘기 한 마리가 말했다.

"이렇게 당해도 싸지 뭐야."

비둘기의 마지막 대사가 인상적이다. "이렇게 당해도 싸지 뭐야." 매는 비둘기의 포식자지, 결코 보호자가 아니다. 매는 비둘기를 지켜주기 위해서가 아니라 잡아먹기 위해서 왕이 되었다. 왜 비둘기들은 이런 황당한 실수를 했을까? 평소 비둘기들의 지나친 불안이 화근이었다. 과도한 불안은 자신의 존재와 타인의 존재를 제대로 보지 못하게 한다. 비합리적인 요행을 바라게도 하고, 황당한 사기에 휘말리게도 한다.

1997년 외환 위기로 나라 경제가 휘청거린 적이 있다. 모든 국민이 불안에 빠졌다. 나라가 부도났다며 저마다 모아둔 금붙이를 내놓아 나라 경제를 일으키려고 한 일은 지금도 회자되는 미담이다. 하지만 대한민국 역사상 점집이 가장 흥한 때가 바로 그 시절이기도 하다. 한 방송은 '흔들리는 사회, 춤추는 점쟁이'라는 제목으로 탐사보도 프로그램을 방영하기도 했다.

매가 악한 마음으로 비둘기를 속인 것도 문제다. 하지만 비둘기의 때늦은 후회를 기억하자. 비둘기처럼 과도한 불안이 우리의 합리적인 의심을 덮어버리고 있지는 않은지 확인해봐야 한다. 스스로 생각하기에 당해도 싼 피해는 보지 말아야 하니까.

독수리와 여우

독수리와 여우는 오랫동안 사이좋은 이웃 친구로 살고 있었다. 독수리는 높다란 나무 꼭대기에, 여우는 그 나무 밑에 집을 짓고 살았다.

어느 날 독수리는 새끼한테 줄 먹이를 찾을 수 없어 난처했다. 마침 여우가 밖에 나가 있자, 독수리는 날쌔게 내려와 여우 새끼 한 마리를 낚아채서 자기 보금자리로 데려왔다.

독수리 보금자리는 아주 높은 나무 위라 나중에 여우가 복수를 하려 해도 자신과 새끼들을 문제없이 지킬 수 있을 터였다.

독수리가 막 새끼들에게 여우 새끼를 먹이로 나눠주려는데 집에 돌아온 여우가 독수리에게 새끼를 돌려달라고 간곡히 애원했다. 그러나 곧 자기 부탁이 아무 소용없다는 걸 깨닫자 여우는 가까운 곳에 있는 제단으로 달려갔다. 그리고 염소를 제물로 바치려고 제단 위에 켜놓은 횃불을 낚아채 왔다. 그러고는 독수리가 살고 있는 나무로 돌아와 나무 위로 힘껏 횃불을 던져 불을 질렀다.

곧 불길이 솟고 연기가 피어오르자 독수리는 덜컥 겁이 나고 자기와 새끼들이 걱정되었다. 독수리는 여우 새끼를 그 어미에게 돌려주었다.

가는 말이 고와야 오는 말이 곱다. 내가 상대를 존중하면 상대도 나를 존중한다. 내가 상대를 성심성의껏 대하면 상대도 나를 아끼기 시작한다. 반대로 내가 누군가에게 나쁜 행동을 계속하다 보면 나 역시 그런 대접을 받게 된다.

많은 한국 부모가 자기 자녀만을 위하는 경우를 종종 본다. 학업 경쟁에서 다른 친구들에 대한 배려는 사치다. 폭력의 방관자가 될지언정 피해자는 되지 말라고 조언한다. 결국 부모의 왜곡된 사랑은 지극히 이기적인 자녀를 만들어낸다. 그리고 이기적 본성은 반드시 해악으로 돌아온다. 결국 횃불에 휩싸인 독수리처럼 말이다.

독수리는 높은 곳에 살고 있고 여우가 그 위에 올라올 수 없으리라 믿었다. 그러니 여우에게 치명적인 피해를 줘도 부메랑처럼 자신에게 돌아올 거라고는 전혀 생각하지 않았다. 어떤 사람은 높은 직위에 있다고 해서 아랫사람을 하대하고, 그 사람에게 중요한 것을 빼앗기도 한다. 그러나 아랫사람도 여우처럼 괴롭힘을 당하면 자신만의 반격을 할 수 있다.

마찬가지로 누군가를 이롭게 하면 언젠가 자신도 그 보답을 받을 수 있다는 사실을 기억할 필요가 있다. 그러나 더 중요한 교훈은 누군가를 해하는 행동을 하면 자신도 언젠가는 그런 일을 겪을 수 있다는 점이다.

소년과 전갈

The Boy and the Scorpion

한 소년이 벽 위에 붙어 있는 메뚜기를 잡고 있었다. 이미 메뚜기를 상당히 많이 잡았을 때 전갈 한 마리가 보였다. 소년은 전갈을 메뚜기로 착각하고 막 손을 모아 붙잡으려는 순간 전갈이 독침을 들어 올리며 말했다.

"잡을 테면 잡아보시지. 그럼 나도 놓치고 덤으로 잡은 메뚜기도 잃어버릴걸."

우리는 현재 가진 것에 만족하지 않고, 늘 갖지 않은 것을 추구한다. 어떤 사람은 평생 먹고살 만한 재산을 모았어도 더 많은 재산을 갖지 못한 걸 한탄한다.

욕심은 탄산음료와 같다. 달콤하지만, 곧 더 큰 갈증에 시달리게 한다. 욕심을 벌컥벌컥 마셔도 절대로 갈증을 100% 해소할 수는 없다.

욕심에 빠지면 소위 '조금만 더 증후군more syndrome'을 앓게 된다. 욕심은 우리가 더 많은 소유물을 갖게 할 수는 있지만, 만족이 없다. "조금만 더, 조금만 더." 갈증이 생겨 자꾸 탄산음료를 마시듯 점점 더 많은 것을 가지려는 악순환이 시작된다.

욕심에 이끌린 사람은 결국 전갈에게까지 손을 뻗는다. 전갈에게 손을 대는 순간 어떤 일이 벌어질까? 잡으려던 전갈을 놓치게 될 것이다. 또 독침에 손이 마비되어 손에 들고 있는 메뚜기도 놓쳐버릴 것이다. 심지어는 자기 생명마저도 잃을 수 있다.

욕심은 무엇인가를 얻게도 하지만 모든 걸 앗아갈 수도 있다. 탄산음료는 정말 필요할 때만 가끔 마셔야 한다.

여우와 염소

우물에 빠진 여우 한 마리가 어떻게 하면 우물 밖으로 나갈 수 있을까 한참 동안 궁리했지만 묘책을 찾을 길이 없었다. 마침 목이 마른 염소 한 마리가 우물에 갔다가 여우를 보고는 물이 맛있는지, 또 물이 충분한지 물었다. 그러자 여우는 자기가 위험에 빠져 있다는 사실을 감추고 이렇게 대답했다.

"여보게, 어서 내려오게. 물이 아주 맛있어서 나 혼자 마시기 아까울 정도야. 그리고 너무 많아서 다 마실 수도 없을 지경일세."

그 말을 듣고 염소는 곧바로 우물 속으로 뛰어들었다. 여우는 염소가 물을 마신 뒤에야 둘이 곤경에 빠진 사실을 알려주었다. 여우는 함께 빠져나갈 방도를 찾아보자며 이렇게 말했다.

"자네 앞발을 벽에 대고 목을 굽혀주면 내가 자네 등을 타고 먼저 빠져나가겠네. 그런 다음에 내가 자네를 구해주지."

염소는 기꺼이 이 제안을 받아들였고, 여우는 친구의 뿔과 등을 이용하여 민첩하게 우물 밖으로 뛰쳐나왔다. 이렇게 위기에서 빠져나오자마자 여우는 있는 힘을 다해 빠른 걸음으로 달아나려고 했다. 그때 염소가 소리를 지르며 약속을 깨뜨렸다며 나무랐다. 그러자 여우는 뒤를 돌아보며 속아 넘어간 가엾은 염소에게 침착하게 말했다.

"자네에게 그 턱수염 반 정도만큼이라도 지혜가 있었다면, 우물로 뛰어들기 전에 올라올 방법이 있는지를 확인해두었으련만. 자네와 더는 함께 있을 수가 없네그려. 볼일이 좀 있어서 말일세."

지혜wisdom란 학습을 통해 배울 수 있는 지식knowledge과는 구별된다. 오랜 경험을 통해 습득하게 되는 덕성에 가깝다. 그렇다면 충분한 경험이 없는 이들에게는, 지혜란 오래 심사숙고할 수 있는 능력이기도 하다. 충동적인 결정은 지혜의 반대 방향이다. 염소는 긴 수염을 가졌지만 지혜롭지 못했다.

심사숙고하는 능력은 인간관계에도 적용된다. 상대가 어떤 제안을 할 때, 그 제안이 좋아 보일수록 선택은 더욱 신중해야 한다. 겉보기에 너무나 좋은 제안에는 함정이 있을 수 있다. 그러므로 달콤한 유혹이 눈앞에 있을 때는 오히려 걸음을 멈춰서 곰곰이 생각해봐야 한다. 충동성은 우리를 곤경에 빠뜨릴 수 있다.

염소가 뛰어든 우물은 물맛이 달콤한 곳이지만 분명 낭떠러지이기도 하다. 그러므로 물을 마시기 전, 염소가 여우의 상황을 유심히 살펴보고 심사숙고했다면 우물에 뛰어드는 어리석은 선택을 하지 않았을 것이다. 또한 자신이 우물에 함께 빠진 이유가 무엇인지를 다시금 곰곰이 생각해보았다면 여우를 먼저 보내주는 두 번째 실수를 범하지는 않았을 것이다.

갈매기와 매

The Seagull and the Hawk

육지에서 걷는 것보다는 바다에서 헤엄치는 것이 더 편한 갈매기가 있었다. 그 갈매기는 살아 있는 물고기를 잡아먹는 걸 좋아했다. 어느 날 갈매기는 큰 물고기에게 덤벼들어 물고기를 급히 삼키려다가 목구멍이 찢어지고 말았다. 갈매기는 바닷가에 누워 죽어가고 있었는데 그 곁으로 매 한 마리가 지나갔다. 매는 갈매기가 자기처럼 육지 새인 줄로 생각했다. 그래서 매는 갈매기에게 이렇게 말했다.

"그래도 싸다 싸! 도대체 왜 하늘을 나는 육지 새가 바다에서 먹이를 찾느냔 말이야."

산토끼와 거북이

The Hare and the Tortoise

어느 날 산토끼가 다리가 짧고 걸음이 느리다고 거북이를 비웃었다. 그러나 거북이는 웃으며 산토끼에게 이렇게 대꾸했다.

"자넨 바람처럼 빨리 걸을지 모르지만 난 경주에서 자네를 이길 수 있다네."

그러자 산토끼가 거북이에게 말했다.

"좋아, 그럼 어디 한번 해보자고. 지금 한 말을 평생 후회하며 살걸."

산토끼와 거북이는 여우에게 코스를 선택하고 목적지를 정하게 하자고 의견을 모았다. 경주하기로 약속한 날 거북이는 잠시도 쉬지 않고 한결같은 걸음걸이로 느릿느릿 출발했다. 물론 산토끼는 금방 거북이를 따돌렸다. 중간 지점에 이르자 산토끼는 맛있는 풀을 조금씩 뜯어 먹는 등 온갖 일로 즐거운 시간을 보냈다. 날씨가 따뜻해서 산토끼는 그늘에서 잠깐 낮잠을 자기로 했다. 혹시 잠을 자는 동안 거북이가 자기를 추월하더라도 목표 지점에 도달하기 전에 쉽게 따라잡을 수 있을 거라는 자신감에 차 있었다.

한편 산토끼가 낮잠을 자는 동안 거북이는 꾸준히 목표 지점을 향해 느릿느릿 걸어갔다. 마침내 잠에서 깬 산토끼는 거북이가 눈에 보이지 않자 깜짝 놀라 결승선을 향해 있는 힘을 다해 달려갔다. 그러나 산토끼가 결승선으로 돌진하려는 그때, 거북이는 이미 결승선 너머에서 편히 쉬면서 산토끼를 기다리고 있는 모습이 보였다.

토끼는 빨리 달릴 수 있는 타고난 능력이 있다. 그러나 재능이 뛰어난 게 꼭 축복만은 아니다. 토끼는 뛰어난 능력을 갖춘 나머지 오만해졌다. 언제든지 거북이보다 빨리 뛸 수 있다는 생각에 깊은 잠을 자고 만 것이다.

반대로 거북이는 토끼보다 빨리 달릴 능력은 떨어진다. 대신 비장의 무기가 있었다. 바로 목표를 향해 꾸준히 노력하는 '태도'다. 태도는 자신의 약점마저도 강점으로 바꾸는 중요한 힘이다.

상담학에서 '자기효능감 self-efficacy'이라는 개념이 있다. 자기효능감은 어떤 일을 성공적으로 수행할 수 있다는 믿음이다. 특별한 능력의 소유자가 아니라 긍정적인 '태도'를 가진 이들이 이런 믿음을 가지고 있다. 거북이는 자기보다 빠른 토끼와 경주하면서도 자신이 충분히 이길 수 있다는 믿음으로 끝까지 포기하지 않았다.

경주를 다시 한다면 어떻게 될까? 단거리 경주라면 토끼가 이길 확률이 높다. 그러나 장거리 경주일수록 거북이는 결코 만만찮은 상대다. 중요한 건 인생은 단거리가 아니라 장거리 마라톤이라는 사실이다.

여우와 사자

The Fox and the Lion

한 번도 사자를 본 적이 없는 여우 한 마리가 살고 있었다. 마침내 처음으로 사자를 만나자 여우는 너무 겁에 질린 나머지 정신을 잃고 거의 죽을 뻔했다. 두 번째로 사자를 만났을 때는 여전히 무서웠지만 그런대로 공포감을 감출 수 있었다. 그러다가 세 번째로 만났을 때 여우는 너무나 대담해져서 사자한테 다가가 허물없이 대화를 나누기 시작했다.

이 우화를 읽은 어떤 이는 다음 장면에서 사자가 여우를 잡아먹었을 거라고 상상할 것이다. 여전히 사자는 두려움의 존재이기 때문이다. 그러나 이후 이 야기에서 여우는 사자와 좋은 친구가 될 수도 있다. 두려워하던 존재가 대화 할 수 있는 친구로 바뀌는 것이다.

두려움을 극복하는 전통적인 심리치료 방법 중 '지속 노출 치료prolonged exposure therapy'가 있다. 두려운 상황이나 대상에 자신을 조금씩 노출하여 두려 움을 극복하는 치료 방법이다.

예를 들면 자동차 사고 이후 차에 타지도 못 하는 사람이 있다고 해보자. 처음에는 마음속으로 차를 상상하고 자리에 앉는 연습을 해본다. 다음번에 는 출발하지 않은 차에서 1분만 앉아 있는 연습을 한다. 그러다 보면 어느샌 가 조금씩 두려움이 줄기 시작한다. 그렇게 6개월이 지나면 그 사람은 누군 가와 드라이브를 즐기고 편안히 대화도 나누게 된다.

도망만 가서는 두려움을 극복할 수 없다. 오히려 두려움에 조금씩 자신 을 노출하고 맞닥뜨린 상황에 대처하는 연습이 필요할 때가 있다. 다가가도 안전하다는 사실을 확인하는 만큼 두려움도 조금씩 줄어든다. 심지어 나중 에는 호기심과 친밀감을 가지고 자신의 두려움과 대화를 나눌 수도 있다. 상 담 전문가의 적절한 도움을 받는다면 모두 가능하다.

개와 늑대

The Domesticated Dog and the Wolf

어느 달 밝은 밤 비썩 마르고 굶주린 늑대 한 마리가 배회하다 통통하게 살 찐 개를 우연히 만났다. 인사가 오고 간 뒤 늑대가 개에게 말했다.

"여보게, 자네가 그렇게 윤기가 흘러 보이는 건 어찌 된 까닭인가? 자네가 먹는 음식은 어지간히 자네 몸에 잘 맞는 모양이군그래. 그런데 나로 말할 것 같으면, 어떻게 좀 살아가려고 밤낮없이 애를 쓰는데도 배가 고파 굶어 죽을 지경이야!"

이 말을 듣고 개가 말했다.

"글쎄, 자네가 만약 나처럼 살고 싶다면 내가 하는 것처럼 하기만 하면 된다네."

그러자 늑대가 개에게 물었다.

"그래, 어떻게 하면 되는데?"

개가 대답했다.

"주인집을 지켜주는 거지. 밤에 도둑들이 가까이 못 오게 하기만 하면

40

되는 거란 말이야."

그러자 늑대가 대꾸했다.

"그런 일이라면 기꺼이 하고말고. 지금껏 난 비참한 하루하루를 보내왔다네. 서리 내리고 비 내리는 그런 숲속 생활은 아주 괴로워. 머리 위에는 따뜻한 지붕이 있고 가까운 곳에 늘 배불리 먹을 수 있는 음식이 있다면 한 번 바꿔볼 만하지."

그러자 개가 늑대에게 말했다.

"그럼, 나를 따라오기만 하면 돼."

그렇게 개와 늑대가 함께 타박타박 걸어가던 중, 늑대는 문득 개의 목덜미에 난 상처 하나를 발견했다. 늑대는 도대체 어찌 된 까닭이냐고 묻지 않을 수 없었다. 그러자 개가 늑대에게 대답했다.

"쳇! 아무것도 아니야."

그래도 말해보라며 늑대가 끈질기게 묻자 개가 대답했다.

"아, 별거 아니래도. 아마 내 쇠사슬을 잡아매는 목줄 때문이겠지."

늑대는 깜짝 놀라 소리쳤다.

"쇠사슬이라고! 설마 자넨 아무 때나 어디든지 돌아다닐 수 없다는 말을 하려는 건 아니지?"

그러자 개가 말했다.

"꼭 그런 건 아니야. 자네도 알고 있겠지만, 난 좀 난폭한 짐승이란 말을 듣잖아. 그래서 낮에는 다들 나를 붙잡아 매어놓는 거야. 분명히 말하지만 밤이 되면 난 완전한 자유를 누리는 데다 주인은 자기 접시에 담긴 음식을 주고, 하인들도 남은 음식을 주지. 난 그렇게 귀염을 받고 있어. 아니, 자네 왜 그러는가? 어딜 가는 거야?"

그러자 늑대가 개에게 말했다.

"잘 있게, 친구. 자네나 맛있는 음식을 실컷 먹게나. 난 쇠사슬에 매어 임금 같은 사치를 누리기보다는 차라리 말라빠진 빵 껍질을 먹더라도 자유롭게 사는 쪽이 더 좋아."

당신은 자신의 일상적인 삶에서 얼마나 자유로운가? 다소 추상적인 질문처럼 느껴진다면, 이런 질문으로 바꿔볼 수 있다. 당신은 자기 삶의 주인공처럼 살고 있는가? 자칫 빛바랜 조연이나 단역으로 살지는 않는가? 다른 사람들의 평가에 좌우되지 않고 자신만의 삶을 향유하고 있는가?

만약 우리에게 먹을 것이 충분하고 안정된 삶이 있다고 하더라도 정작 자기 삶의 주인공이 자신이 아니라면 마음속 깊은 곳에는 안정감 대신 불안이 도사리게 된다.

상담실에서 만나는 내담자들 중에는 경제적인 이유로 자신에게 불행이 찾아왔다고 불만을 토로하는 이가 많다. 그들은 왜 투자 전문가에게 재무 상담을 요청하지 않고 심리 상담실을 찾았을까?

당연히 그들은 심리 상담실에서 투자의 비법을 얻으리라고 기대하지 않을 것이다. 그들은 이미 알고 있다. 진짜 문제는 돈이 아니라 엑스트라처럼 사는 자신의 존재감이다.

누구나 자기 이야기는 자신이 만들어간다. 늑대가 결국 푸짐한 음식을 포기하고 과감하게 돌아선 것은 자신을 노예가 아닌 주인공으로 선택했기 때문이다.

시골 쥐와 도시 쥐

The Country Mouse and the Town Mouse

옛날 옛적에 시골 쥐가 오랜 우정을 쌓아온 도시에 사는 친구 쥐를 시골로 초대했다. 도시 쥐가 초대를 받아들이자 초라하고 옹색한 집에 사는 검소한 시골 쥐는 옛 친구를 잘 대접하려고 마음은 말할 것도 없고 음식 창고까지 활짝 열어젖혔다. 준비한 음식이 까다로운 손님 입에 맞을까 하는 염려는 양으로 메워보자고 생각했다. 그래서 완두콩이나 보리, 치즈 조각, 도토리 등 정성 들여 차곡차곡 저장해놓은 식량 가운데서 손님상에 내놓지 않은 음식이 하나도 없었다. 도시 쥐는 시골 쥐가 앉아서 보리 줄기를 갉아 먹는 동안, 선심이라도 쓰듯 이것저것 음식을 아주 조금씩 입에 댔다. 저녁 식사를 마치고 한담을 나누면서 도시 쥐가 시골 쥐에게 말했다.

"여보게, 어째서 이렇게 따분하고 누추한 곳에서 참으며 살고 있나? 자네는 구멍 속에 틀어박힌 두꺼비처럼 지내고 있군그래. 자네 설마 마차나 사람으로 가득 찬 도시의 큰 거리보다 이 쓸쓸한 바위와 숲이 더 좋다고 생각하지는 않겠지. 정말이지 자네는 여기서 비참한 시간을 보내고 있군. 살아 있는 동안 마음껏 인생을 즐겨야 한다네. 생쥐는 영원히 살 수 없으니 말일세. 그러니까 자, 나를 따라 도시로 가세. 자네한테 도시를 구경시켜주고 진정한 삶이 어떤 건지 보여주겠네."

시골 쥐는 친구의 이런 멋진 말과 고상한 태도에 넘어가서 친구의 말을 듣기로 했다. 둘은 함께 도시로 길을 떠났다. 둘이 도시에 남몰래 숨어든 것은 이미 늦은 저녁때였고, 도시 쥐가 살고 있는 커다란 저택에 당도했을 무렵에는 한밤중이었다. 그곳에는 빨간 벨벳 소파며 상아로 된 조각품 등 한마디로 부유와 사치를 보여주는 물건이 가득했다. 식탁 위에는 훌륭한 잔치에서 먹다 남은 음식이 놓여 있었는데, 손님들을 기쁘게 해주기 위해서 전날 도시에서 가장 훌륭한 상점들을 샅샅이 뒤지다시피 해 구한 음식이었다.

이번에는 도시 쥐가 주인 역을 맡을 차례였다. 그는 시골 쥐를 붉은 자줏빛 이부자리 위에 앉히고, 원하는 것은 뭐든지 해주려고 이리저리 분주히 뛰어다녔다. 그러곤 계속 음식을 내주면서 맛있는 음식을 권했다. 물론 도시 쥐는 마치 왕의 시중이라도 드는 듯 음식을 내놓을 때마다 일일이 자기가 먼저 맛을 보았다. 시골 쥐 역시 아주 마음이 느긋하고 흡족해져 자기 생활에 이런 변화가 일어난 것은 큰 행운이라고 생각하며 기뻐했다.

그러던 중 갑자기 방문이 활짝 열렸다. 그리고 뒤늦게 파티를 마치고 집으로 돌아가려는 잔치 손님들이 떼 지어 우르르 방 안으로 몰려 들어왔다. 깜짝 놀란 두 마리 생쥐는 몹시 당황하여 식탁 위에서 뛰어내려 제일 가까운 구석에 숨었다. 그런데 그들이 위험을 무릅쓰고 몰래 밖으로 나오자마자 개들이 짖어대 기겁하며 쫓겨 돌아오고 말았다.

마침내 주위가 점차 조용해진 듯하자, 시골 쥐가 피신처에서 몰래 빠져나와 멋진 친구에게 작별 인사를 하면서 귓전에 대고 속삭였다.

"이런 멋진 생활은 그걸 좋아하는 사람들에겐 좋을지도 모르네. 하지만 나는 저런 두려움과 근심 속에서 산해진미를 먹기보다는 차라리 조용하고 안전한 곳에서 맘 편히 빵부스러기를 먹는 게 낫겠어."

산업혁명은 수많은 공장과 대량 생산된 풍부한 물자를 낳았고 이는 다시 자본의 창출과 경제의 급속한 성장을 불러왔다. 자본은 도시를 형성했고 그 기반 위에 첨단 사회가 탄생했다. 가히 인류 역사상 가장 풍요로운 시대가 도래했다.

그러나 사람들의 모습을 가만히 살펴보면 여전히 어두워 보인다. 기아로 죽는 사람의 숫자는 현저히 줄었지만, 대신 스스로 목숨을 끊는 사람의 숫자가 지속해서 늘고 있다. 도심화가 진행될수록 많은 사람이 모여들고 그만큼 경쟁은 치열해진다. 근심과 불안이 우리 사회를 덮치지만 해소될 기미는 전혀 보이지 않는다.

편리한 SNS를 통해 우리는 언제든 많은 온라인 친구를 만날 수 있고, 더 많은 정보를 짧은 시간 안에 얻을 수 있다. 이 분야에서는 대한민국이 단연 세계 최고 수준이다. 하지만 양보다 질이 중요하다는 것은 여기에도 해당한다. 친구의 숫자가 늘어난다고 사귐의 질이 깊어지지는 않는다.

인간관계의 깊이를 알아보는 방법이 있다. "우울하거나 힘들 때 도움을 받을 친지나 친구가 있는가?"라는 질문으로 그 사람이 느끼는 사회적 고립감을 가늠하는데, 2020년 OECD 보고서를 살펴보면 우리나라 사람들은 응답자 10명 중 1명이 도움받을 친구가 하나도 없다고 대답했다. 안타깝게도 이 결과는 37개국 중 두 번째로 한국 사람들이 극심한 고립감을 느낀다는 의미다.

과연 우리는 시골 쥐처럼 현재의 풍요 속에서 진정 우리가 원하는 삶의 질을 선택해 누리고 있을까?

47

거북이와 독수리

The Tortoise and the Eagle

거북이 한 마리가 땅 위에서 느릿느릿 기어다니며 살아가는 비천한 생활에 싫증이 났다. 거북이는 구름 속까지 높이 마음껏 날 수 있는 새들이 부러웠다. 자기도 일단 하늘로 날아오르기만 하면 제일 훌륭한 새들과 함께 하늘을 날 수 있을 거라고 생각했다. 그래서 어느 날 독수리에게 공중을 나는 방법을 가르쳐만 준다면 바다의 모든 보물을 가져다주겠다고 말했다. 독수리는 거북이가 하늘을 날다니 말도 안 된다며 딱 잘라 거절했다. 그러나 거북이가 하도 끈질기게 고집을 피우자 독수리는 마침내 거북이를 위해 최선의 노력을 해보겠다고 승낙했다. 그래서 하늘 높이 거북이를 데리고 올라가서 거북이를 거머쥐고 있던 손을 놓으며 외쳤다.

"자, 이제 다리를 벌려!"

그러나 거북이는 대답 한마디 하지 못하고 곧바로 추락했다. 거북이는 딱딱한 바위 위에 털썩 떨어져 산산조각이 나고 말았다.

생태계를 구성하는 핵심 원리는 다양성이다. 놀랍게도 생태계 안에서 다양한 개체들은 서로의 장단점을 상호 보완하며 살아간다. 독수리는 높은 창공을 날아다니지만 보금자리가 나무 끄트머리에 있어 안전하지 않다.

이에 비해 거북이는 자신을 보호할 수 있는 단단한 껍질을 지니고 있고 장수의 상징일 만큼 오래 산다. 거북이가 항시 육지만 기어다니는 것은 아니다. 바다거북은 드넓은 바다를 헤엄치며 살아간다. 거북이는 가장 느린 동물이고, 독수리는 가장 빠른 동물이라는 단순 비교가 과연 타당할까?

만약 운행 속도를 비교하려면 독수리도 땅에서 얼마나 빨리 달리는지를 비교해야 한다. 독수리는 하늘을 무대로 사는 동물이고, 거북이는 바다를 터전으로 사는 동물이기 때문이다.

나는 가끔 자기 인생을 잡초에 비유하는 사람을 만난다. 미국의 자연 철학자 랄프 왈도 에머슨Ralph Waldo Emerson은 잡초를 이렇게 정의했다. "아직까지 그 중요한 가치가 발견되지 않은 식물." 우리도 창공을 날지 못한다고, 빠르지 않다고 우리의 존재를 잡초처럼 여기고 살지는 않는가?

노파와 포도주병

The Old Woman and the Wine Bottle

한 노파가 한때 값비싼 포도주가 가득 담겨 있었고 지금도 여전히 좋은 냄새를 풍기는 빈 포도주병 하나를 발견했다. 지금은 값비싼 포도주가 한 방울도 남아 있지 않았지만 노파는 병 위쪽에 되도록 가까이 코를 갖다 대고 열심히 킁킁 냄새를 맡으며 소리쳤다.

"훌륭한 병이여! 남은 찌꺼기조차 이렇게 향기로운데 네 안에 들어 있던 술은 얼마나 훌륭했겠느냐!"

그릇은 무엇을 담느냐에 따라 완전히 다른 존재가 된다. 그릇 자체의 구성 물질이 지닌 가치는 중요하지 않다. 금으로 만든 그릇이 투박한 질그릇보다 더 가치가 있을까? 아끼느라 찬장 안에 숨겨놓아 먼지만 쌓인 황금 그릇보다 늘 맛있는 국을 담아 먹는 질그릇이 훨씬 쓸모 있는 그릇이다.

병도 마찬가지다. 매일 포도주를 담아두는 병은 포도주의 향이 난다. 오물을 담은 병은 오물의 냄새로 가득하다. 반대로 독약을 담은 병은 죽음의 냄새가 진동한다.

이처럼 우리가 매일 우리 마음속에 어떤 것을 담고 사느냐에 따라 우리의 가치도, 존재도 천차만별로 달라진다. 그러니 우리의 마음에는 어떤 내용물이 담겨 있는지 종종 살펴야 한다.

만약 내 인생 자체가 쓸모없다고 느껴진다면 다음과 같이 질문하고 답해 보라.

①	내 존재를 새롭게 하려면 무엇을 비워내야 하는가?
②	비워낸 내 마음의 병 속에는 무엇을 채워야 하는가?
③	내 인생을 향기 나게 하는 포도주는 무엇인가, 또 나는 누구와 이 포도주를 나눌 것인가?

새끼 양과 늑대

The Lamb and the Wolf

늑대에게 쫓겨 새끼 양 한 마리가 사원 안으로 숨어들었다. 그러자 늑대가 새끼 양을 향해 큰 소리로 외쳤다. 수도사에게 잡히면 죽을 거라고. 그러자 새끼 양이 늑대에게 이렇게 대답했다.

"그럴지도 모르죠. 하지만 아저씨한테 잡아먹히는 것보단 사원에서 제물로 희생되는 쪽이 훨씬 더 나아요!"

우리가 자명하게 알고 있는 진리가 있다면 인간은 모두 죽는다는 것이다. 여기에는 누구도 예외가 없다. 하지만 우리 인생이 유한하다는 걸 깨달을수록 좀 더 값진 삶을 살 수 있다.

늑대에게 쫓긴 새끼 양은 '사느냐, 죽느냐'가 아닌 '어디에서 죽느냐?'의 어려운 결정을 해야 했다. 그러나 새끼 양은 절망하거나 우물쭈물하지 않고 좀 더 값진 삶을 살기로 결심했다. 그건 탐욕스러운 늑대의 먹잇감이 되지 않고, 숭고한 종교적 의례의 희생 제물이 되기로 선택한 것이다.

이런 숭고한 결정을 내리는 일이 꼭 죽기 바로 직전에만 있는 건 아니다. 여러 해 전부터 웰빙well-being뿐 아니라 웰다잉well-dying에 대한 관심이 높아졌다. 웰다잉은 지금, 그것도 아직 죽음이 한참 남은 것처럼 보이는 시점부터 죽음에 대한 사유를 시작하는 일이다. 그래서 웰다잉에 대한 깊은 숙고는 유한한 우리의 삶을 의미 있게 만들어간다.

우리가 매일 일상에서 중요한 선택을 할 때마다, 죽음에 관한 질문을 던져야 하는 이유가 여기에 있다. 그래야 마지막 순간에도 새끼 양처럼 당당한 선택을 할 수 있을 테니까.

나무와 도끼

The Trees and the Ax

나무꾼 한 사람이 숲에 들어가 나무들에게 자기 도끼에 사용할 자루를 달라고 부탁했다. 하도 겸손하게 부탁하는 터라 몇몇 귀하고 쓸모 있는 나무들이 흔쾌히 부탁을 들어주기로 했다. 나무들은 평범하고 초라한 물푸레나무를 도낏자루로 내어주기로 결정했다. 그런데 나무꾼이 물푸레나무 토막을 도낏자루로 깎아 맞추자마자 곧 숲에서 가장 훌륭한 나무들을 잘라 쓰러뜨리기 시작했다. 떡갈나무가 모든 사태를 파악했을 즈음에는 이미 때가 늦었다. 떡갈나무는 자기 옆에 서 있는 히말라야 삼나무에게 속삭였다.

"우린 모든 걸 잃고 말았어. 우리가 보잘것없는 우리 이웃을 희생시키지만 않았다면, 오랜 세월 안전하게 이 자리를 지킬 수 있었을 텐데."

힘이 센 나무들은 가장 비열한 선택을 했다. 초라한 자신의 이웃, 즉 '희생양'을 찾았다. 종교에서 희생양은 기독교 성서에 등장하는 예수 그리스도를 상징하는 단어다. 하지만 가족 상담에서는 엄마와 아빠 사이에서 극도로 불안해하는 자녀를 의미하는 용어이기도 하다.

남편과 아내가 서로 다투다가 갑자기 자녀를 끌어들인다. 남편은 아내에게 할 투정을 자녀에게, 아내는 남편에게 토로할 불만을 자녀에게 투사한다. 자녀는 두 사람 사이를 오가다가 불똥을 맞기도 한다. 남편은 아내에게 지를 고함을 자녀에게, 아내는 남편에게 던질 욕설을 자녀에게 퍼붓는다.

부모의 불화로 두려움이 커져가던 자녀는 우연히 엄마와 아빠를 지켜낼 묘책을 발견하기도 한다. 자신의 일탈 행동으로 부모가 갑자기 진지한 대화를 시작한 것이다. 이제 희생양 자녀는 자신의 일탈을 멈출 수 없다.

안타깝게도 자녀는 무의식중에 가정 전체를 메시아처럼 구한다고 하지만, 계속된 일탈은 자신을 점점 망가뜨리게 된다. 그러나 더 큰 비극이 있다. 결국 도끼에 숲의 모든 나무가 베어지듯, 가정 전체는 더 큰 파국을 맞이할 수 있다.

원숭이와 낙타

The Monkey and the Camel

짐승들의 성대한 집회에서 원숭이 한 마리가 자리에서 일어나 춤을 추기 시작했다. 멋진 춤 솜씨로 그곳에 모인 짐승들을 기쁘게 하자 그들이 원숭이에게 열렬히 박수갈채를 보냈다. 원숭이가 이렇게 칭찬받는 것을 보자 낙타는 화가 났다. 그래서 자리에서 일어나 춤을 춰 원숭이를 압도하려고 했다. 그러나 낙타는 우스꽝스러운 동작으로 오히려 웃음거리가 되었고 짐승들은 분위기를 깬 낙타에게 화가 나서 몽둥이를 들고 덤벼들어 낙타를 그 자리에서 몰아냈다.

원숭이는 춤을 잘 추지만 낙타는 사막을 오랫동안 걸을 수 있는 인내심이 있다. 원숭이가 짐을 싣고 사막을 오랫동안 걸을 수 없듯이, 낙타 역시 타고난 춤꾼과는 거리가 멀다. 우리도 마찬가지다. 자신이 가장 잘하는 일에 집중하지 않고 타인의 장기를 보며 부러워한다.

인간 누구나 모든 걸 다 잘할 수는 없다. 타인이 무엇인가를 잘할 때, 시류에 휩쓸려 따라 하기보다는 내가 잘할 수 있는 것에 집중하는 게 더욱 중요하다.

미국에서 상담 훈련을 받을 때, 내 지도 교수는 종종 나의 임상적 강점을 물었다. 늘 우물쭈물했다. 영어도 변변치 못한 상담사가 강점이라니 가당치 않았다. 다음에는 약점을 물을 줄 알았는데, 늘 '성장 끝점 growing edge'이라는 용어를 사용해 나의 개선점을 물었다.

우리는 모두가 성장 중이다. 이미 노인이 되었다 할지라도 생명이 아직 남아 있는 한, 우리는 성장 중이다. 현재 우리의 약점이나 단점은 우리 인생 전체의 한계점이 될 수 없다. 아직도 우리는 성장 중이기 때문이다. 늘 나만의 강점을 기억하고 한계는 성장 끝점이라고 불러보자.

당나귀와 강아지

옛날 어느 부유한 농가에 당나귀 한 마리와 지중해 몰타섬에서 구해온 애완용 강아지 한 마리가 있었다. 당나귀는 마구간에 살면서 늘 옥수수와 건초를 풍족히 먹을 수 있었다. 당나귀로서는 정말로 남부럽지 않게 살고 있었다. 그러나 강아지는 언제나 집 안에 살면서 주인에게 온갖 귀여움을 받았다. 언제나 즐겁게 장난치면서 뛰어다니고 주인 무릎 위에 올라가 앉아 있곤 했다.

한편 당나귀는 할 일이 무척 많았다. 하루 종일 나무를 운반해야 했고 밤에는 방앗간에서 일해야 했다. 당나귀는 가끔 그런 자기 신세를 한탄했고, 자기가 그토록 힘들게 일하는 동안 강아지가 편하고 안락하게 지내는 걸 보는 것도 괴로워했다. 그러다 점차 자기도 강아지가 주인한테 하듯이 행동한다면, 강아지와 똑같은 생활을 할 거라는 확신이 들었다.

그래서 어느 날 고삐를 끊고 집 안에 뛰어 들어가 아주 괴상망측한 꼴로 발길질하고 춤을 추기 시작했다. 그리고 나서 귀염둥이 강아지처럼 꼬리를 흔들고 장난치는 꼴을 흉내 내다가 마침 식사하고 있던 주인의 식탁을 뒤집어엎었다. 게다가 접시들을 산산조각으로 깨뜨리고, 마침내 주인한테 덤벼들어 편자를 박은 두 발로 주인을 비비며 긁으려고 했다.

주인이 큰 위험에 빠진 것을 본 하인들은 이제는 손을 써야 할 때라고 생각했다. 그리고 주인을 당나귀한테서 떼어놓고 몽둥이로 이 어리석은 동물을 마구 후려쳐 두 번 다시 일어나지 못하게 했다.

당나귀가 마지막 숨을 내쉬면서 이렇게 외쳤다.

"도대체 왜 난 타고난 자리에 만족할 수 없었을까? 왜 한낱 게으른 짐승을 흉내 내려고 했을까!"

개와 그림자

The Dog and the Shadow

개 한 마리가 푸줏간에서 고깃덩이 하나를 훔쳐내어 집으로 돌아오는 길에 강을 건너게 되었다. 바로 그때 아래쪽 강물에 비친 자기 그림자가 보였다. 개는 다른 개가 다른 한 조각의 고기를 입에 물고 있다고 착각하고는, 그 고 깃덩이마저 차지해야겠다고 마음먹었다. 단단히 준비하고 강물에 있는 고 깃덩이를 향해 달려드는 순간, 개는 자기가 물고 있던 고깃덩이마저 떨어뜨 려 결국 잃어버리고 말았다.

바야흐로 이미지의 시대다. 우리는 늘 대중매체와 SNS를 통해 타인의 이미지를 엿본다. 그 속에는 훌륭한 집, 행복한 인간관계, 멋진 옷과 음식이 즐비하다. 우리는 그런 이미지를 보면 볼수록 박탈감을 느낀다. 박탈감이 점차 커지다 보면 빼앗고 싶은 욕망을 느끼기도 한다. 헛된 탐욕은 우리를 파멸로 몰아간다.

이미지는 실재가 아니다. 이미지에 나타난 값비싼 물건을 샀다고 하더라도 삶에서 그만큼의 만족감을 줄 거라고 생각한다면 큰 오산이다. 게다가 값비싼 물건을 소유한다고 자신이 존귀해지는 건 더더욱 아니다.

요즘 같은 초연결 사회에서는 나와 남들을 비교하게 되는 상황도 무한정 늘어난다. 이런 환경에서 타인과 나를 끊임없이 비교하며 결핍과 박탈감 속에 살아가는 건 우리를 불행하게 할 뿐이다. 그러나 내가 가진 것에 잠시라도 집중하는 사람은 만족감을 누릴 수 있다. 아주 짧더라도 기쁨을 만끽할 수 있다.

일상 중 이런 소소한 기쁨의 빈도가 늘어날수록 행복감도 증대된다는 심리학자들의 연구 결과가 다수 있다. 누구나 삶에서 가지지 못한 게 있지만, 이미 가진 많은 것이 있다. 그럴 때 이미 물고 있는 고깃덩이의 향과 맛을 오롯이 느낄 수 있다.

산토끼와 개구리

사방팔방에서 수많은 적에게 늘 위협받던 산토끼들은 그런 딱한 처지를 논의하려고 회의를 열었다. 마침내 절망적인 처지보다는 자살하는 쪽이 훨씬 낫다는 결론에 이르렀다. 그래서 산토끼들은 자기들이 더없이 비참한 동물이라고 생각하면서 물에 빠져 죽으려고 가까운 호수로 달려갔다.

한편 그때 한 무리의 개구리 떼가 강둑 위에 앉아 달빛을 즐기고 있었다. 개구리들은 산토끼들이 다가오는 걸 보고 깜짝 놀란 나머지 몹시 당황하고 허둥대면서 물속으로 뛰어 들어갔다. 개구리들이 이렇게 황급히 사라지는 모습을 보고 맨 앞에서 달려가던 토끼 한 마리가 다급히 친구들에게 말했다.

"아니, 친구들! 이제 보니 우리가 그렇게 절망적이진 않은 거 같네. 우리보다 더 공포에 떨고 있는 불쌍한 동물이 저기 있지 않은가."

심리 상담을 하다 보면 어떤 불행이 닥쳤을 때 인생 최악의 위기를 맞았다고 말하는 내담자가 더러 있다. 이런 위기는 생전 처음이라 더는 정상적인 삶을 이어갈 수 없다고 말이다. 과연 그럴까?

상담 전문가와 내담자가 함께 과거사를 잘 탐색하다 보면 대부분 내담자는 자기 삶에 비슷한 불행과 위기가 이미 몇 차례 있었다는 걸 알게 된다. 심지어 더한 불행도 있었다는 걸 발견할 때가 많다.

엄청난 절망에 빠져서 모든 걸 포기하고 싶다면 그전에 생각해봐야 할 게 있다. 이전에 비슷한 역경을 어떻게 극복했는지다. 만약 지금보다 더 최악의 상황이 있었다면 그때는 어떻게 대처했는지 말이다.

그 상황을 자세히 복기해 탐색하다 보면 자기 안에 그 위기를 극복할 내적 자원이 있었다는 사실을 깨닫게 된다. 여전히 자신에게 남아 있는 자원과 변화의 의지를 발견하게 되는 순간 치유가 시작된다.

막다른 골목을 경험하는 내담자들과 매일 만나는 상담 전문가들이 자주 하는 말이 있다. 우리의 인생길은 하나의 문이 닫히면 또 다른 문이 반드시 열린다고. 우리는 그곳을 향해 나아갈 수 있다.

어부와 작은 물고기

The Fisherman and the Little Fish

그물을 쳐서 고기를 잡아 살아가는 한 어부가 있었다. 어느 날 그는 하루 종일 고기를 낚았지만 작은 물고기 한 마리밖에 잡지 못했다. 그런데 그 작은 물고기가 어부에게 애원했다.

"살려주세요. 제발 부탁드려요. 어차피 저는 너무 작아서 아저씨한테 한 끼 식사거리도 못 될 거예요. 아직 크게 자라지 못했거든요. 다시 물속에 넣어주시면 제가 크게 자랄 테고, 그때가 되면 먹을 만해질 거예요. 그때 다시 오셔서 절 잡아가셔요."

그러자 어부가 물고기에게 대답했다.

"날 바보로 보는 거냐? 도로 물속에 놓아주면 '나 잡아봐라!' 하고 도망가며 날 놀려대겠지."

너무 작아서 한 끼 식사도 못 되므로 나중에 크면 잡아갈 수 있다는 물고기의 말은 언뜻 보면 꽤 설득력이 있다. 그러나 그 말을 하는 자가 바로 잡힌 물고기라는 사실이 중요하다. 물고기가 과연 어부의 양식이 되기 위해 다시 잡혀줄까? 설사 잡힌다고 하더라도 다른 어부가 잡을 가능성이 더 높지 않을까?

현명한 어부는 손에 잡힌 명확한 보상을 언제 찾아올지 모르는 불확실한 미래를 위해 포기하지 않았다. 우리는 불확실한 미래를 기다리고 추구하기보다는 현실로 눈을 돌려 현재 우리가 가진 확실한 자원과 보상이 무엇인지를 먼저 살펴봐야 한다.

같은 정도의 스트레스를 받아도 그 스트레스에 유독 강한 이들이 있다. 바로 현재 내가 할 수 있는 것, 즉 통제control할 수 있는 일을 찾는 사람들이다.

대부분 스트레스에 지고 마는 사람들은 자신이 현재 통제할 수 있는 일이 전혀 없다고out of control 믿는다. 그래서 자기가 쉽게 할 수 있는, 즉 가장 확실한 기회도 잡지 못해 기회를 모두 잃고 만다. 과도한 스트레스가 우리에게 닥쳐와도 무조건 통제 불가능하다고 여겨서는 안 되는 이유다.

제비와 까마귀

The Swallow and the Crow

제비와 까마귀가 둘 중 누가 더 훌륭한 새인가를 두고 서로 다투었다. 다툼 끝에 까마귀가 마지막으로 이렇게 못박아 말했다.

"자네의 아름다움은 오직 여름 한 철뿐이지만, 내 아름다움으로 말할 것 같으면 수많은 계절이 지나는 동안 조금도 변함이 없다네."

사나이와 사자

The Man and the Lion

옛날에 인간과 사자가 함께 여행하고 있었다. 그들은 누가 더 용기 있고 힘이 센지를 두고 서로 뽐냈다. 다툼이 심해져 서로 성을 내기 시작할 무렵, 그들은 인간이 사자 한 마리를 목 졸라 죽이는 모습을 조각한 동상 앞을 지나가게 되었다. 그러자 인간이 사자에게 말했다.

"저 동상을 보라고! 인간이 사자보다 낫다는 걸 이보다 더 잘 증명하는 게 있겠나?"

그러자 사자가 인간에게 대꾸했다.

"저거야 당신 쪽의 이야기죠. 만약 우리 사자들이 동상을 만들었다면, 아마 사자 한 마리가 앞발로 인간 20명을 짓밟는 모습을 조각했을 거요."

"객관적으로 말하면"이라는 말을 자주 하는 사람들이 있다. 그러나 사람은 누구나 자신만의 주관을 가지고 있다. 그 사람이 하는 생각, 말과 행동은 사실상 모두 지극히 주관적이다. 주관을 떠난 인간이란 존재하지 않는다. 그러므로 주관적인 사람이 객관적으로 말한다는 건 어불성설이다. 우리가 보는 세계란 모두 자신이 보는 관점에서 해석한 것이다. 현재 세계 인구가 73억 명이라면, 우리가 경험하는 세계도 단 한 개가 아니라 73억 개라고 볼 수 있다.

모름지기 사람은 항상 자기편에서 자기가 유리한 방향으로 진술한다. 인간은 사자를 목 졸라 죽일 수도 있다고 믿는 반면, 사자는 인간 20명 정도는 짓밟을 수 있다고 생각한다. 이때 객관적으로 둘 중 하나가 옳고 다른 하나는 틀렸다고 볼 필요가 있을까?

양자 모두 자신의 관점에서 해석한 거라 나름의 의미가 있다. 그래서 상담사가 부부 문제에 관한 이야기를 들을 때는 양쪽의 이야기를 모두 들어봐야 한다. 두 사람의 이야기가 충돌할 때도 누가 옳은지 그른지 굳이 따지려 들지 않는다. 각자의 고유한 관점을 탐색하는 게 최우선으로 두 사람 사이 접점을 찾아가는 해결의 첫 단추이기 때문이다.

각다귀와 황소

각다귀 한 마리가 황소 머리 근처에서 몇 분 동안 윙윙거리며 날다가 마침내 황소 뿔 위에 앉았다. 그러고는 폐를 끼쳐 미안하다고 황소에게 용서를 구했다.

"제 무게 때문에 조금이라도 불편을 느끼신다면 아무쪼록 그렇다고 말씀해주세요. 그러면 당장 자리를 뜰 테니까요."

그러자 황소가 각다귀에게 말했다.

"아, 그런 일로 신경 쓸 필요 없어. 네가 있건 없건 나한텐 마찬가지거든. 솔직히 네가 거기에 앉아 있는지조차 몰랐으니까."

지나치게 타인에게 신경을 쓰는 사람이 있다. 지금 나의 모습이 그 사람에게 어떻게 보일까, 내 말이 그 사람을 신경 쓰게 한 것은 아닐까. 이른바 타인 중심적인 사람이다. 이런 사람은 늘 타인의 표정을 살피고 하나의 사소한 행동도 곱씹으며 누군가의 눈치를 본다.

파리는 지나치게 황소에게 신경을 쓴다. 심지어 갑자기 폐를 끼쳤다고 생각하면서 용서를 구한다. 그러나 황소에게 파리는 전혀 중요하지 않은 존재다. 상담 현장에서도 보면 애초에 파리처럼 스스로 존재감이 없다고 느끼는 내담자들이 주로 타인에게 긍정적인 평가를 받으려고 불필요한 에너지를 쓸 때가 많다.

발달심리학에서는 청소년들이 사춘기에 자신을 영화의 주인공쯤으로 여기고 '가상의 청중'이 모두 자신을 쳐다본다고 여겨 외모에 신경 쓴다고 한다. 그건 정상적인 발달 과정으로 이해해줄 만하다. 한데, 사실 생각보다 타인은 우리에게 그다지 관심이 많지 않다.

지구상 모든 이가 자기 세계 안에서 산다. 그런데 놀랍게도 모두의 세계는 다른 사람들로 가득하다. 수많은 사람을 신경 쓰다 보면 정작 중요한 자기 자신을 잃어버릴 수도 있다. 가장 많은 관심을 줄 존재는 '바로 여기'에 존재하는 '나' 자신이다.

사냥꾼과 사자

The Archer and the Lion

활을 잘 쏘기로 유명한 사냥꾼이 사냥감을 찾아 산속으로 들어갔다. 사냥꾼이 숲속에 들어가자 모든 짐승이 벌벌 떨면서 도망쳐버렸다. 그러나 오직 사자 한 마리만 사냥꾼에게 활을 쏘려면 쏴보라며 도전했다. 그러자 사냥꾼이 즉시 화살을 뽑아 활시위를 당기면서 소리쳤다.

"내 전령이 네놈한테 할 말이 있다는구나!"

옆구리에 화살을 맞은 사자는 상처 때문에 고통을 느끼며 깊은 덤불 속으로 도망쳤다. 그런데 사자가 달아나는 모습을 지켜보던 여우 한 마리가 사자에게 돌아가 적에게 다시 한번 맞서보라고 부추겼다. 그러자 사자가 여우에게 말했다.

"아니다! 네놈이 뭐라고 해도 난 싸우지 않으련다. 생각해보려무나. 한낱 전령에 불과한 자도 이렇게 큰 상처를 입혔는데 전령을 보낸 장본인이 직접 공격한다면 어떻게 견디겠느냐?"

사자와 곰과 여우

The Lion, the Bear, and the Fox

사자와 곰이 동시에 새끼 사슴에게 달려들어 사슴을 차지하려고 서로 한참 동안 격렬하게 싸움을 벌였다. 서로 막상막하의 힘으로 얼마나 심하게 싸웠는지 마침내 양쪽 모두 눈앞에 아무것도 보이지 않고 죽을 지경이 되었다. 그래서 그들 사이에 놓여 있는 포획물에 손을 댈 힘조차 없이 땅에 쓰러져 있었다. 이때 조금 떨어져 주위를 맴돌면서 지켜보고 있던 여우 한 마리가 사자와 곰 모두 무력한 상태라는 걸 확인하고, 그들 사이에 끼어들어 포획물을 가지고 달아나버렸다. 그러자 사자와 곰이 소리쳤다.

"우린 얼마나 가엾은 짐승이란 말인가! 저 나쁜 놈한테 저녁거리를 주려고 이렇게 몸이 녹초가 되도록 서로를 죽이려 했다니."

무진 애를 썼지만 어리석음 때문에 엉뚱하게 다른 사람이 그 혜택을 누리는 경우가 있다. 사자와 곰이 싸우는 틈을 노려 사냥을 하지도 않은 여우가 먹이를 다 가져갔듯이 말이다. 하지만 이런 경험을 하고 난 사자와 곰은 어떻게 변했을까? 다음에 만나도 같은 먹잇감을 놓고 피 터지게 싸울까? 과거 경험에서 배워서 그다음에는 다르게 행동하지 않을까?

발달심리학자들은 아이들에게 가장 중요한 사회성 발달 훈련이 놀이와 게임이라고 주장한다. 아이들은 놀이터에서 편을 먹고 승부욕을 발휘해 게임에 몰두하다가도, 끝이 나면 도로 내 편, 네 편이 없어진다. 적이 아니라 친구라는 걸 잊지 않기 때문이다. 하지만 이후 성장 과정에서 놀이보다 피 튀기는 경쟁에 익숙해지면 이내 게임의 법칙을 잊어버리고 만다.

직장 생활을 하다 보면 마치 사자와 곰과 같은 라이벌 관계가 있기 마련이다. 때로는 불같이 싸우다가 보면 포획물이 제3의 인물에게 돌아가는 경우도 적지 않다. 사자와 곰은 서로 천적이 아니다. 라이벌 관계도 마찬가지다. 같은 목표를 향해 달리는 경쟁자요, 동료다. 그러니 천적처럼 싸우는 일은 참으로 어리석다.

황금알을 낳는 거위

The Goose with the Golden Eggs

옛날에 어떤 사나이에게 운 좋게도 날마다 황금알을 하나씩 낳아주는 거위
가 있었다. 그런데 사나이는 거위가 알을 낳는 것도 느리고 황금알을 한 번
에 모두 손에 넣지 못해 불만이었다. 그래서 보물을 차지하려고 이 거위를
죽이고 말았다. 그러나 거위의 몸을 갈라 보니 그 거위는 여느 거위와 조금
도 다름없는 평범한 거위였다.

인간은 욕망을 가진 존재다. 게다가 많이 가지면 가질수록 더 많은 걸 욕심 내기도 한다. 동물의 세계와는 참 많이 다르다. 다람쥐들은 겨울나기를 위해 도토리를 모으지만 필요 이상으로 비축하지 않는다. 새들도 다음 주 그리고 다음 달 먹을 식량까지 미리 쌓아두지는 않는다고 한다. 동물의 왕 호랑이도 부자 호랑이와 가난한 호랑이로 나뉘지 않는다. 그저 배부른 호랑이와 배고 픈 호랑이가 있을 뿐이다.

그런데 어째서 인간만이 부자가 되려고 할까? 왜 인간의 욕망은 끝이 없 을까? 사회경제학자들은 인간 세계에만 있는 자본주의 체제에서 그 답을 찾 는다. 자본주의 사회에서 가장 중요한 생존과 성공의 조건이 바로 돈, 즉 경 제 자산이다.

그래서 돈이 있는 곳에 인간의 욕망이 집중되고, 그런 욕망이 지나치면 오히려 자신이 이미 가지고 있던 것까지 다 잃을 수도 있다. 인간에게 욕망 은 매우 자연스러운 특성이지만 〈소년과 전갈〉 이야기에서 설명했듯이 '조 금만 더 증후군'에 빠지지 않으려면 필요한 수준에서 절제하고 조절하며, 다 스릴 줄 아는 지혜를 가져야 한다.

희극 배우와 농부

옛날에 로마의 한 부유한 귀족이 시민들에게 연극 공연을 보여주곤 했다. 그는 특별한 묘기를 보여주는 사람에게는 상을 주겠다고 말했다. 이 제안을 듣고 유명한 배우들이 상을 타려고 방방곡곡에서 몰려들었다. 그 가운데에는 유명한 희극 배우 한 사람이 있었는데, 그는 자신이 아주 특별한 묘기를 보여줄 거라는 소문을 퍼뜨렸다. 이 소문을 듣고 많은 시민이 몰려오는 바람에 극장은 발 디딜 틈 없이 초만원을 이뤘다.

희극 배우가 아무런 소도구나 조수도 없이 홀로 무대에 등장하자 관객들의 호기심과 흥분이 한껏 고조되어 모두가 숨죽인 채 지켜보았다. 그가 가슴에 고개를 떨어뜨리더니 돼지가 꿀꿀거리는 소리를 어찌나 감쪽같이 흉내 내는지 관객은 틀림없이 그가 옷 속에 돼지를 감추고 있다고 생각하고 옷 속을 조사해보자고 했다. 그러나 그의 옷 속에서는 아무것도 발견할 수 없었다. 관객은 이 연기에 가장 열광적인 박수갈채를 보냈다.

그날 관객 가운데에는 농부 한 사람이 있었다. 그는 이 특별한 묘기를 보자 이렇게 말했다.

"아, 난 저 사람보다 더 잘할 수 있어요!"

그리고 농부는 이튿날 자기가 묘기를 보여주겠다고 발표했다. 그래서 다음 날에는 전날보다 더 많은 관객이 모여들었다. 그러나 관객 대부분은 희극 배우 쪽으로 이미 마음이 기울어져 있어 농부에게 기회를 준다기보다는 조롱하려고 왔다. 두 사람이 무대에 올라오자 희극 배우가 먼저 꿀꿀거리는 돼지 소리를 냈고, 관객은 그의 공연에 박수갈채를 보냈다. 그리고 나서 농부는 자기 옷 속에 새끼 돼지 한 마리를 감춘 척했다(실제로 그는 새끼 돼지를 감췄다). 그러고는 새끼 돼지의 귀를 꼬집어 꿀꿀거리는 소리를 내게 했다.

그러자 관객은 희극 배우가 훨씬 더 그럴듯하게 돼지 흉내를 냈다고 외쳤고, 농부에게는 야유를 퍼부으면서 무대에서 사라지라고 소리쳤다. 농부는 관객이 얼마나 잘못 생각하고 있는지를 보여주려고 가슴에서 진짜 새끼 돼지 한 마리를 꺼냈다. 그러고는 이렇게 말했다.

"자, 신사 여러분. 여러분이 얼마나 형편없는 판단을 내렸는지 여러분 스스로가 알 겁니다!"

좋은 직업, 자산 투자, 성공의 법칙, 건강해지는 법……. 현대 사회에는 복잡다단한 문제가 항상 존재한다. 우리는 이러한 문제에 맞닥뜨릴 때, 이를 어떻게 하면 잘 해결할 수 있을지를 고민한다. 이때 등장하는 사람이 있다. 이른바 전문가 집단이다. 이들은 교수, 대표, 박사 등 여러 직함을 달고 여러 방송 매체에 나와 자신 있게 그 문제의 원인을 꼬집고 어떻게 대처해야 하는지를 말한다. 그럼 많은 대중은 "역시, 전문가가 말하니까 다르네!"라고 하면서 주저하지 않고 받아들인다.

이를 심리학 용어로 '후광 효과halo effect'라고 한다. 어떤 대상의 뒤에서 그를 더욱 빛나게 해주는 배경 효과를 말한다. 우리가 전문가라는 타이틀과 그를 출연시킨 방송 매체에 보다 큰 신뢰를 갖는 이유다.

그러나 어느 전문가든 자신이 전공한 특정 분야만 조금 더 알 뿐이다. 나머지 분야는 어쩌면 우리보다도 훨씬 더 모를 수 있다. 그러므로 그 사람의 해결책이 우리의 삶 전체에 큰 영향을 미치는 거라면 더욱 비판적으로 수용해야 한다. 그래야 과도한 후광 효과를 그나마 중화할 수 있다.

저녁 식사에 초대받은 개

The Dog Invited to Supper

부유한 어느 신사가 한 귀족을 저녁 만찬에 초대한 뒤 정성 들여 온갖 준비를 했다. 부유한 신사의 개도 초대받은 귀족의 개를 만나 이렇게 말했다.

"친구야, 오늘 밤 우리 집에 가서 함께 저녁을 먹자."

귀족의 개는 저녁 식사에 초대받은 것이 흐뭇해 친구 집에 일찍 도착해서 잔치를 준비하는 모습을 지켜보았다. 귀족의 개가 혼잣말로 중얼거렸다.

"참으로 훌륭한 식사가 될 것 같군! 얼마나 운이 좋은가! 오늘 저녁 맛있는 음식을 실컷 먹고 어느 정도는 보관해둬야지. 내일은 먹을 게 아무것도 없을지도 모르니까 말이야."

이렇게 혼자 중얼거리면서 귀족의 개는 꼬리를 흔들며 자기를 초대한 주인집 개를 살짝 쳐다보았다. 그러나 꼬리를 흔들어대는 바람에 요리사의 눈에 띄자, 요리사는 즉시 낯선 개의 두 다리를 붙잡고는 유리창 밖으로 던져버렸다.

땅에 떨어진 귀족의 개는 날카롭게 짖어대면서 길을 따라 자기 집이 있

는 마을로 내려갔다. 그때 이웃에 살고 있는 개들이 그에게 달려와 저녁 식
사를 맛있게 했는지 물었다. 그러자 귀족의 개가 다른 개들에게 대답했다.

"사실은 말야, 잘 모르겠어. 술에 취해서 어떻게 그 집에서 나왔는지조
차 모르겠는걸."

이 우화를 가만히 읽다 보면, 깨닫게 된다. 정작 초대받은 이는 개가 아니라 귀족이었다. 귀족의 개라고 해서 저절로 귀족이 되는 건 아니다. 그런데도 개는 자신도 귀족 곁에 있기에 함께 초대받았다고 착각했다.

정신분석학에서는 일상 중 우리가 자주 사용하는 '동일시identification'의 방어기제를 자주 언급하곤 한다. 어떤 이는 자기 친구가 연예인의 먼 친척이라고 자랑스럽게 말한다. 심지어 할 말이 없으면 자기 아파트 단지에 유명한 사람이 사는 것 같다고 말하기도 한다.

방어기제라고 부르는 이유는 그렇게 말하고 나면 잠시는 우쭐해질 수 있고, 듣는 이들이 자신을 무시하지 않고 대단하게 여겨주길 바라는 마음의 역동이 숨어 있기 때문이다. 유명인의 지인이 되더라도 그 유명인이 우리가 되는 건 아니다.

우리가 훌륭한 사람을 아는 것과 우리 자신이 훌륭한 사람이 되는 것 사이에는 건널 수 없는 간극이 있다. 따라서 우리가 대화 중에 유명인의 지인처럼 보이려고 노력하는 건 무의미하다. 차라리 우리도 모르는 우리의 강점과 매력을 소홀히 하지 않았는지 우리 내면을 찬찬히 살피는 게 훨씬 중요하다.

소금을 싣고 가는 당나귀

The Ass Loaded with Salt

옛날에 당나귀와 행상을 하는 사람이 살고 있었다. 해안가에서 소금을 싸게 판다는 소문을 들은 그는 당나귀를 몰고 소금을 사러 갔다. 당나귀 등에 소금을 가득 실은 뒤 행상은 돌이 삐쭉 튀어나온 미끄러운 길을 따라 다시 당나귀를 몰아 집으로 향하던 중 당나귀가 길 아래 강물에 빠지고 말았다. 강물에 소금이 녹는 바람에 당나귀는 짐이 가벼워져 쉽게 강둑에 오를 수 있었다. 그리고 나서 당나귀는 가벼워진 몸과 마음으로 여행을 계속했다.

얼마 후 행상은 다시 해안가로 소금을 사러 갔고, 이번에는 전보다도 더 많은 소금을 당나귀 등에 실었다. 집에 돌아오는 길에 그들은 지난번에 당나귀가 빠졌던 강을 건너게 되었다. 당나귀는 이번에는 일부러 미끄러져 강에 빠졌다. 또다시 소금이 녹는 바람에 당나귀의 짐이 가벼워졌다.

소금을 손해 봐 속이 상한 행상은 이런 꾀를 부린 당나귀의 버릇을 고쳐 줄 방법을 생각했다. 그래서 다음에 해안가에 갈 때는 당나귀 등에 솜을 가득 실었다. 그들이 똑같은 강에 도착했을 때 당나귀는 전과 같이 꾀를 부려 강물 속에 뛰어들었다. 그러나 이번에는 솜이 물에 젖었고, 짐이 가벼워지기는커녕 몇 배로 무거워져 당나귀는 무척 실망했다.

꾀를 부리는 사람들이 처음에는 빠르게 지름길을 잘 찾아내는 듯 보인다. 탁월한 처세술을 가졌다고 주목과 인정을 받는다. 이들이 꾀를 내는 이유는 주로 땀을 적게 흘리고 기울인 노력보다 많이 거두고자 하는 동기와 욕심 때문이다.

그렇기에 어떤 사람은 자기 이익과 성공을 위해서라면 타인의 고통을 무시하거나 수단과 방법을 가리지 않고 목적을 달성하려 한다. 실제로 그들은 잠시 부자가 되고 성공한 듯 보이기도 한다.

그러나 정말 그러한가? 꾀의 약점은 멀리 보지 못한다는 데 있다. 당장의 문제는 해결했으나 더 큰 문제를 안게 될 수도 있다. 사람들에게 신뢰를 잃고, 끝없는 욕심으로 자기 꾀에 자기가 넘어가는 일이 벌어지기도 한다.

반면 자신만의 길을 묵묵히 가는 사람들은 느리고 어리석은 듯 보인다. 그들이 답답해 보일 수도 있지만 변함없는 모습에 사람들은 그들을 신뢰하게 된다. 정직과 진실함을 자기 삶의 우선순위에 두고, 말과 행동에 신뢰를 주는 사람들은 언젠가는 빛을 보게 되어 있다.

사냥꾼과 어부

The Hunter and the Fisherman

사냥꾼 한 사람이 사냥한 짐승을 가지고 산에서 내려오는 길에 바구니에 물고기를 가득 잡아 집에 돌아가는 어부를 만났다. 사냥꾼은 어부의 물고기를 부러워하면서 저녁 식사로 물고기를 먹고 싶어 했고, 어부는 사냥꾼이 잡은 짐승으로 고기 요리를 해 저녁 식사를 하고 싶었다. 그래서 두 사람은 서로 잡은 것을 바꾸기로 했다. 그때부터 그들은 계속해서 날마다 그렇게 했다. 그러다 이웃에 사는 한 사람이 그들에게 말했다.

"자기가 잡은 걸 계속해서 바꿔 먹다 보면 머지않아 서로 바꿔 먹는 즐거움은 사라질 거요. 자기가 잡은 걸 갖고 싶어질 테지요."

인간은 행복을 느끼기 위해 산다고 해도 과언이 아닐 정도로 많은 사람이 행복한 삶을 추구한다. 몇몇 철학자는 인생의 목표가 행복하고 선한 삶이라고 주장하기도 했다.

하지만 최근 행복을 연구하는 심리학자들은 행복이 삶의 목적이라기보다는 일상에서 느끼는 소소한 긍정 정서와 밀접한 관련이 있다는 데 의견을 모은다. 기쁨은 강도가 아니라 빈도가 더 중요하다. 기쁨의 감정은 금방 사라져버리는 특성이 있기 때문이다.

더욱 중요한 건 행복의 구성 요소는 재산 규모나 지위, 명예와 같은 외적 조건이 아니라는 점이다. 특히 행복감은 주관적인 인식이 더 중요하게 작용한다. 행복은 타인이 우리를 평가하는 데에서 오지 않는다는 뜻이다. 우리가 행복을 느끼기 위해 다른 이들의 허락이나 인정을 받을 필요도 없다. 행복은 지극히 개인적이며 사적인 경험의 영역이다.

사냥꾼과 어부에게 한 이웃의 경고도 귀담아들을 필요가 있다. 같은 경험이 반복되면 거기서 얻는 기쁨의 정도가 희석될 수 있다. 그래서 기쁨의 속성을 알고 일상에서 기쁨을 누리고 즐기는 것이 중요하다. 바로 자신 주변에서 작지만 소소하고 다양한 행복감을 자주 느껴보시라.

산토끼와 사냥개

The Hare and the Hound

사냥개 한 마리가 산토끼 한 마리를 숲에서 몰아내어 얼마 동안 뒤쫓아갔다. 그러나 사냥개보다 걸음이 더 빠른 산토끼는 금세 달아나버렸다. 그때 그곳을 지나가던 양치기 한 사람이 뼈만 앙상한 산토끼를 따라잡지 못한다고 사냥개를 놀려댔다. 그랬더니 사냥개가 양치기에게 대답했다.

"저녁거리를 찾아서 달리는 것과, 목숨을 걸고 달리는 건 얘기가 다르다는 걸 아저씨는 모르시네요."

똑같은 행동을 하더라도 목적과 동기가 다르면 결과에 큰 차이가 있다. 게다가 목적과 동기가 절실하면 절실할수록 차이는 현저하다.

산토끼는 살기 위해 달린다. 게다가 잡히면 죽는다. 그러므로 달리는 속도는 자신의 한계를 넘어선다. 그러나 사냥개는 단순히 저녁거리를 마련하려고 달렸을 뿐이다. 게다가 산토끼는 앙상해서 그다지 먹음직스럽지도 않았다. 즉, 산토끼는 삶을 위해 달렸고 사냥개는 일상을 살아갔을 뿐이다.

우리는 어떤 행동을 하기에 앞서 늘 외부의 보상과 평가를 따져볼 때가 많다. 하지만 우리 삶에서 가장 큰 성취를 얻으려면 그 성취가 자신에게 얼마만큼 특별한 의미가 있는지 먼저 깊이 숙고해야 한다. 그리고 얼마나 자신에게 절실한지도 깨달아야 한다.

때로 다른 사람들이 전혀 인식하지 못하고 자신과 다른 의견을 제시하더라도, 자신만의 고유한 욕구를 충족해주고 만족감을 준다면 그걸로 충분하다. 이런 내적 동기는 다른 사람들이 쉽게 흔들 수 없는 아주 강력한 주도성을 발휘한다. 또한 이런 주도적인 내적 동기야말로 꾸준한 지속성을 가지기 마련이다.

전나무와 가시나무

어느 날 전나무가 가시나무를 보고 이렇게 자랑했다.

"너 같은 건 아무런 쓸모가 없어. 하지만 나한테는 높고도 고상한 목표가 있지. 내가 없다면 사람들이 헛간이나 집을 어떻게 지을 수 있겠어? 배를 지을 때는 둥근 목재가 되고, 궁궐 지붕을 받치는 대들보가 되기도 하거든."

그러자 가시나무가 전나무에게 말했다.

"하지만 아저씨, 벌목꾼이 도끼와 톱을 갖고 여기에 온다면 아저씨는 이 세상을 다 주고라도 전나무가 아니고 가시나무가 되고 싶을 거예요."

자신이 가시나무보다 쓸모가 많다고 교만함에 빠져 있던 전나무의 마음은 일순간에 무너지고 말았다. 우리가 사는 인간 세상에서도 이런 모습을 보게 될 때가 많다.

발달심리학에서도 도덕 발달의 기초는 인간 누구나 이기적인 자기중심적 단계에서 타인의 입장을 고려하는 단계로 성장해야 한다는 점을 강조한다. 자기만 잘났다고 큰소리를 치며 타인을 배려하지 않는 사람들이 있다. 그들은 사실 자신이 아직 철이 들지 않았고 미성숙한 사람이라는 걸 증명하는 셈이다.

정신병리학에서는 지나치게 자신에게 집중해 마치 세상이 자기를 중심으로 움직인다고 믿는 사람들을 '자기애성 인격장애'라고 진단한다. 이들의 가장 큰 특징은 '거대 자기grandiose self'다. 자신의 위상을 마치 신적인 경지까지 격상시킨다. 그렇다고 이들의 마음속에도 거대한 자기가 자리하는 건 아니다. 사실은 그 반대다. 가장 부끄럽고 초라한 자기가 숨어 있는 경우가 많다.

반면 자기를 낮추고 겸손할 줄 아는 성숙한 사람은 이미 삶의 깊이를 갖춘 사람이다. 자신을 스스로 낮추어서 결코 손해 보는 일은 없다. 내가 낮아질 수 있다면 세상의 그 어떤 관문도 안전하게 통과할 수 있다.

독수리와 화살

The Eagle and the Arrow

어느 활 쏘는 사람이 독수리를 겨냥해 그의 심장을 쏘았다. 독수리가 괴롭게 죽어가면서 고개를 돌려보니 그 화살에는 다름 아닌 자기 깃털이 달려 있었다. 그래서 독수리가 말했다.

"우리 자신이 내어준 무기가 만든 상처가 훨씬 더 지독하고 아프군 그래!"

평소 체질이 허약하고 지병이 있는 이들이 오히려 장수하는 경우가 더러 있다. 또 자기 건강에 과도한 자신감을 가진 사람들이 오히려 수명이 짧은 경우도 본다. 이유는 자업자득! 자기 몸은 자신이 의사보다 더 잘 안다고 믿는 지나친 자기 확신 때문이다.

마음도 마찬가지다. 내 마음은 내가 알아서 한다는 이들이 너무도 많다. 심리 상담 훈련의 첫 단계는 내담자 경험을 충분히 해보는 것이다. 미국 유학 시절 한국인 유학생들은 심리 상담 인턴 프로그램 입시 요강을 보고 놀라기 일쑤였다. 상담을 받아본 경험으로 50시간이 필요하다는 항목 때문이었다. 나는 이렇게 투덜댔다. "난 정신적으로 아무 문제 없는데 왜 나보고 상담을 받으라는 거야?"

심리 상담은 우리 자신조차도 잘 알지 못하는 숨겨진 속마음을 전문가와 함께 탐색하는 작업이다. 정신의학 서비스와 구별하지 못하는 이들은 이를 기피할 수밖에 없다. "나는 환자가 아닌데, 왜?" 하면서 말이다. 마음 건강도 자만은 금물이다. 문제가 있어서가 아니라 늘 돌봄이 필요한 게 우리 마음이다. 그래서 건강하다고 느껴도 미리 돌보는 일은 참으로 중요하다.

종달새와 새끼들

The Lark and Her Young Ones

옛날에 잘 익은 옥수수밭에 종달새 둥지가 하나 있었다. 어미 종달새는 날마다 사람들이 곡식을 거두어들이러 오지 않는지 경계했다. 어미 새는 먹이를 찾으러 나갈 때면 언제나 새끼들에게 귀에 들리는 모든 소식을 자기에게 전하라고 일러놓았다. 어느 날 어미 종달새가 집을 비웠을 때 밭 주인이 밭의 상태를 보러 와서 이렇게 말했다.

"이제 이웃 사람들을 불러 옥수수를 거두어들일 때가 됐군."

어미 종달새가 집에 돌아오자 새끼들은 자기들이 들은 대로 얘기하고 당장 딴 곳으로 옮기자고 부탁했다. 그러자 어미 종달새가 새끼들에게 말했다.

"아직 시간은 충분하단다. 밭 주인이 이웃 사람들한테 부탁한다면 추수까지는 좀 더 기다려야 할 거야."

이튿날 밭 주인이 다시 찾아와서 햇살이 한층 강해지고 옥수수가 더 익었는데도 사람들이 아직 아무 일도 하지 않은 걸 알고서 말했다.

"이젠 한시도 더 꾸물대고 있을 수 없겠는걸. 이웃 사람들 도움을 못 받는다면 친척들을 불러야지."

그러고는 밭 주인은 아들들한테 가서 말했다.

"삼촌들과 사촌들을 찾아가서 내일 추수를 시작할 수 있는지 알아보거라."

전보다도 더욱 놀란 새끼들은 어미 종달새에게 농부가 한 말을 그대로 전했다. 그러자 어미 새가 말했다.

"만약 그 얘기뿐이라면 별로 놀랄 거 없단다. 친척들도 자기 일을 먼저 끝내야 하니까. 하지만 이다음에 듣는 얘기는 특별히 주의해야 한다. 그리고 반드시 내게 알려줘야 해."

그 이튿날 어미 종달새가 밖으로 나가자 또 전과 마찬가지로 밭 주인이 찾아왔다. 옥수수가 너무 익어서 땅에 떨어지고 있는데도 일하는 사람이 아직 보이지 않자, 그는 아들에게 말했다.

"이제 더는 이웃 사람들이나 친척들을 기다리고 있을 수 없다. 너는 가서 오늘 밤 일꾼을 몇 사람 고용해 오너라. 내일부터 우리가 직접 일을 시작하기로 하자."

새끼 종달새들이 이 사실을 어미 종달새에게 알리자 어미 새가 말했다.

"그래, 마침내 정말로 떠나야 할 시기가 됐구나. 사람이 자기 일을 남에게 맡기지 않고 스스로 하기로 마음먹었다면 정말로 그 말을 믿어도 좋단다."

자기 일에 대해 스스로가 전적으로 모든 책임을 질 때 비로소 우리는 성장한다. 타인이 자기 일을 해결해줄 거라는 기대와 실체 없는 믿음, 안일한 자세로는 배움도 성숙도 없다. 물론 모든 시작은 누구나 두렵다. 그러나 두려움에 맞서는 용기 없이는 아무것도 얻을 수 없다.

때때로 상담 전문가를 찾아온 내담자가 마술이라도 부려 자신에게 변화를 일으켜보라는 식의 과도한 기대를 할 때가 있다. 그럴 때는 내담자가 가지는 상담사 이미지는 만능 해결사에 가깝다.

그런데 역설적으로 상담 중에 내담자가 변화의 길로 들어설 때는 변화의 주체가 타인이 아니라 바로 본인 자신이란 걸 내담자가 깨닫는 순간부터다. 차라리 이때 상담사의 역할은 아이를 집에서 출산하던 시절, 산통을 겪는 산모의 손을 꼭 잡아주던 산파에 가깝다. 바로 자신이 변화를 일으킬 장본인임을 아는 게 치유의 첫 단추가 된다.

모든 사람에게 상담사의 도움이 필요한 건 아니다. 누구에게나 자기 힘보다 확실한 자원은 없다. 능력 있고 힘 있는 타인보다 자기 능력을 과소평가하지 말고, 담대히 도전해보자. 변화의 주인공은 바로 자기 자신이다.

아라비아 사람과 낙타

The Arab and the Camel

어느 아라비아 사람이 낙타에 짐을 싣고 나서 낙타에게 언덕을 오르는 것과 내려가는 것 중 어느 쪽이 더 좋으냐고 물었다. 그러자 낙타가 대답했다.

"주인님, 대답해보십시오. 누가 평야를 가로지르는 곧은 길은 모두 막아버리기라도 했답니까?"

우리의 인생 중 고통이 전혀 없이 평탄하고 안전하기만 한 길은 없다. 그렇기에 세상의 많고 많은 일 중에서 결과를 놓고 한 사람을 평가하기보다는 그 과정에 주목해야 한다. 그리고 나 자신을 평가할 때도 자신이 이룬 성취나 결과물의 완성도에 초점을 두기보다는 하나하나 완성해나가는 과정 중 자신의 수고와 노력을 높이 사야 한다.

세상에 쉬운 일은 없다. 그러나 이루지 못할 일도 없다. 언제 어디서나 나보다 잘하는 사람, 뛰어난 사람, 더 훌륭해 보이는 사람이 있기에 절대적인 가치평가는 무의미하다. 상담에서는 이런 절대적인 평가 기준에서 내담자 자신을 자유롭게 만드는 일이 가장 중요하다.

누가 뭐라고 해도 내가 스스로 "이만하면 됐다", "그래, 이 정도면 최선을 다했어"라고 평가할 수 있다면 그보다 더 값진 게 있을까. 쉽기만 한 일은 없다지만, 어떠한 태도로 임하느냐에 따라 무슨 일을 하든지 스스로 뿌듯함을 느낄 수 있을 것이다.

의사와 환자

The Doctor and His Patient

어떤 의사가 얼마 동안 한 환자를 보살피고 있었는데 그 환자가 치료를 받던 중 사망했다. 장례식 때 이 의사는 친척들 사이를 이리저리 돌아다니면서 이렇게 말했다.

"만약 이 가련한 친구가 술을 삼가고 몸을 잘 돌봤더라면 지금 이곳에 이렇게 누워 있진 않을 텐데."

그러자 장례식에 참석한 사람 중 한 사람이 의사에게 말했다.

"선생님, 이제 와서 그런 말씀을 하셔도 소용없습니다. 환자가 아직 살아 있을 때 그런 처방을 내려주셨어야지요."

사람들은 '인생은 타이밍'이라는 이야기를 자주 한다. 시의적절한 조언과 행동이 건강하고 안정된 삶을 지탱해주기도 한다. 아무리 중요한 말이라 할지라도 이미 그 사람이 사라진 뒤에 하는 것이 무슨 소용이 있겠는가. 정말 중요한 조언은 뒤로 미루지 않는 것이 좋다.

혹시 늘 뒷북만 치는가? 머뭇거리다가 손해 본 적이 있는가? 만약 있다면, 당신은 결코 혼자가 아니다. 세계 인구의 약 20%가 이렇게 꾸물거리다가 낭패를 본다고 한다. 심리학에서는 이런 사람들의 심리를 연구해 '꾸물거림증procrastination'이라고 부른다.

보통 꾸물거리는 사람들 대부분은 자기 능력이나 게으름을 탓한다. 하지만 연구자들은 너무 잘하려고 하는 성향, 완벽주의가 더 큰 문제라고 진단한다. 계획만 짜다가 끝나는 사람들이 주로 여기에 해당한다. 완벽을 추구하다가도 시작부터 어려움에 봉착하면 '에라 모르겠다!' 하며 지레 포기하기도 한다.

대단한 무엇을 하느냐에 못지않게 자그마한 일이라도 언제 하느냐가 매우 중요하다. 근사하게 계획 짜는 일을 잠시 멈추고 지금 당장 아주 작은 행동부터 실행해보면 도움이 된다.

당나귀와 여우와 사자

The Ass, The Fox, and the Lion

당나귀와 여우가 친구가 되기로 약속한 뒤 함께 사냥하러 들판으로 나갔다. 들판으로 가는 도중에 사자 한 마리를 만났다. 여우는 위험이 닥쳐오는 걸 금세 알아차리고 사자에게 곧바로 다가가 속삭였다.

"아저씨가 저한테 해를 끼치지 않겠다고 약속해주시면 당나귀를 배신하겠습니다. 그러면 쉽게 아저씨 뜻대로 그 녀석을 손에 넣을 수 있을 겁니다."

사자는 그렇게 하겠다고 동의했고, 여우는 당나귀를 교묘히 함정으로 끌어들였다. 그러나 사자는 당나귀를 잡자마자 곧바로 여우에게 달려들어 다음 식사거리로 삼았다.

인간관계에서 중요한 것 중 하나가 '신의'를 지키는 일이다. 특히 가까운 관계일수록 '신의성실信義誠實'의 의무는 서로의 암묵적인 약속처럼 중요하다. 그러나 살다 보면 이 원칙이 깨질 때가 종종 있다. 상대를 신뢰하고 믿은 만큼 배신감과 분노의 감정은 더욱 배가된다.

상담을 하다 보면 정말 믿고 사랑했던 사람에게 배신당한 내담자들이 찾아온다. 가끔 그런 내담자들은 자신이 보낸 믿음이 잘못되었다고 자책하기도 하고, 자신이 그대로 되갚아주어야만 감정이 해소되리라 믿기도 한다.

하지만 여우의 운명을 보라. 애초 당나귀의 신뢰가 잘못된 게 아니었다. 굳이 당나귀 스스로 복수할 필요도 없었다. 여우가 쏜 배신의 화살은 결국 자기 자신에게 되돌아오지 않았던가. 상담사들 역시 분명히 알고 있다. 진정한 치유는 자책이나 복수가 아니라 무너진 관계의 상실을 애도하는 일임을.

늙은 사냥개

The Old Hound

주인 말을 아주 잘 듣는 늙은 사냥개 한 마리가 지난 몇 해 동안 점차 기력을 잃자 생긴 문제가 한둘이 아니었다. 하루는 주인을 따라 사냥을 나갔다가 멧돼지 한 마리를 만나 귀를 물었지만 이빨이 빠지는 바람에 그만 멧돼지가 달아나고 말았다. 그러자 주인이 달려와 사냥개를 꾸짖으며 심하게 때렸다. 힘이 빠진 사냥개가 고개를 쳐들며 이렇게 말했다.

"주인님, 이 늙은 종을 살려주세요! 제가 용기가 없거나 의지가 없어서 그런 게 아니라, 다만 기력이 빠지고 이빨이 없어 그런 걸 주인님께서도 잘 알고 계시잖습니까. 기력이 빠지고 이빨이 빠진 건 그동안 주인님을 모시느라 그렇게 된 거죠."

그러자 주인은 개를 때리던 손을 멈추었다.

어머니가 나이가 많이 들어 기력이 쇠하게 되었을 때, 자식이 답답해하기 시작했다. 왜 이렇게 몸을 가누지 못하고, 잘 못 걷는지 불평했다. 이제 비싼 전동 휠체어를 사야 해서 너무나 부담이 크다는 것이다. 그 노모는 아주 오래전 기어다니던 그 자식을 업고 자장가를 불러주었던 분이다. 걸음마를 했을 때는 손뼉을 치고 용기를 주며 기뻐했다. 열심히 일해서 아이를 입히고 먹이고 가르쳐주었다.

인간은 진공에서 태어난 존재가 아니다. 한자 사람인人의 형태처럼 우리 인간은 누군가의 도움으로 존재한다. 게다가 한자어 인간人間에는 사이(틈)라는 뜻인 간間이 붙어 있다. 사람과 사람 '사이'에 무엇이 있어야 할까?

모름지기 인간이 존재하려면 상호 이해와 존중의 태도가 필요하다. 우리가 기대고 있는 상대방이 언짢게 할지라도 그동안 자신을 지탱해준 어떤 고마움이 있었는지 떠올려봐야 한다. 불평과 비난이 아닌 고마움과 미안함을 느끼고 표현하는 것은 서로의 관계를 돈독하게 한다. 사람이 인간人間다워지는 순간이다.

당나귀와 주인

The Ass and His Driver

주인한테 이끌려 길을 가고 있던 당나귀 한 마리가 갑자기 늘 가던 길에서 벗어나더니 있는 힘을 다해 낭떠러지 끝을 향해 달려갔다. 당나귀가 막 절벽 아래로 떨어지려는 순간, 주인이 달려가 당나귀의 꼬리를 잡고 당나귀를 뒤로 잡아끌려고 했다. 그러나 당나귀는 완강히 거부하며 반대쪽으로 끌어당겼다. 그러자 주인이 마침내 당나귀를 놓아주며 이렇게 말했다.

"그래, 당나귀야, 네가 주인이 되고 싶다면 나도 어쩔 수가 없구나. 고집 센 짐승은 제 길을 가야지."

당나귀와 주인의 우화, 그 뒷이야기가 궁금하다. 만약 당나귀가 구사일생으로 살아서 그 주인의 손아귀에서 성공적으로 벗어난다면 어떨까? 고집이 세다고 비난은 받았지만 주인에게 맞선 한 번의 모험으로 자유를 획득한다면? 당나귀는 어쩌면 자신이 원할 때 원하는 곳에 갈 수 있는 자유를 그토록 원한 건 아닐까.

프랑스의 실존주의 철학자 장 폴 사르트르Jean-Paul Sartre는 그의 저서 《존재와 무 L'Être et le néant》에서 인간은 자유를 '선고'받았다고 말했다. 또한 인간은 자유롭도록 저주받은 존재라는 표현도 서슴지 않았다. 고집스럽게 자유를 선택한 당나귀에게 자유를 저주라고 말하는 게 다소 어색하지만 사르트르는 자유에 따른 책임을 아주 무겁게 보았다.

당나귀는 이제 스스로 먹이를 구해 살아가야 한다. 집에서 주인과 함께 살 때보다는 녹록지 않은 삶을 살 수 있지만, 단 하루라도 자기 인생의 주인이 되어 원하는 대로 살아보고 싶지 않았을까. 이걸 먹을까, 저걸 먹을까를 선택하는 정도의 소극적인 자유가 아니고 자신의 삶 전체를 책임지며 의무를 동반하는 적극적인 자유 말이다.

울타리와 포도밭

The Hedge and the Vineyard

현명한 아버지의 재산을 막 물려받은 어리석은 아들이 있었다. 그는 아버지에게 물려받은 포도밭에 포도 열매가 열리지 않는다며 일꾼들에게 포도밭 주위의 울타리를 모조리 걷어치우게 했다. 울타리가 허물어지자 사람들과 짐승들도 그 밭을 자유로이 드나들게 되었다. 결국 포도밭은 엉망이 되고 말았다. 이 어리석은 사나이는 그제야 울타리의 가시 관목에서 포도를 딸 수는 없지만 포도밭을 보호하는 게 그 밭을 가꾸는 일 못지않게 중요하다는 사실을 뒤늦게 깨달았다.

사회심리학에서는 어떤 일에 대해 후회하는 사람들의 심리를 '사후가정적 사고counterfactual thinking'라는 개념으로 설명하곤 한다. 일어나지 않은 가상적 상황에 대해 '~했다면 좋았을 텐데'라며 긍정적(상향적 사후가정적 사고)으로 또는 '하마터면 큰일 날 뻔했다'라며 부정적(하향적 사후가정적 사고)으로 생각한다는 것이다.

포도밭 주인의 아들도 상향적 사후가정적 사고를 하고 있다. '울타리를 치우지 않았더라면 좋았을 텐데', '내가 그때 왜 그랬을까' 등. 이런 생각은 내가 잘했다면 상황이 더 좋아졌을 거라는 후회를 낳는다. 연구자들은 우리가 보통 상향적 사후가정적 사고를 더 많이 한다고 보고한다.

'실수는 학습의 기회'라고 여기며 이렇게 생각해보는 건 어떨까? '하마터면 큰일 날 뻔했다. 포도밭을 보호하는 게 가장 중요한 걸 모르고 살 뻔했어,' '지금처럼 엉망이 안 되려면 울타리는 어떻게 다시 세워야 할까?' 아프게 깨달은 교훈을 다행으로 여기며 하향적 사후가정적 사고를 늘려보는 것이다. 아직 삶이 남아 있기에 실수를 통해 성장할 기회는 얼마든지 열려 있다.

왕을 원한 개구리들

The Frogs Who Desired a King

옛날에 개구리들이 호수와 연못에서 자유롭고 편하게 살고 있었다. 그런데 저마다 자기 기분에 따라 사는 바람에 혼란이 일어나자 점차 불평이 생겼다. 그래서 개구리들이 함께 모여 제우스*에게 질서를 세우고 좀 더 책임감 있게 행동하도록 개구리들을 통치해줄 왕을 보내달라고 간청했다. 개구리들이 멍청하다는 걸 잘 아는 제우스는 빙그레 웃으면서 호수에 나무토막 하나를 던져주었다. 그러자 개구리 한 마리가 말했다.

"저기 우리 왕이 계신다!"

이 나무토막이 너무나 큰 소리로 첨벙, 하고 떨어지는 바람에 개구리들은 너무나 놀라 물속으로 가라앉거나 뭍 위로 뛰어 올라갔다. 나무토막이 가만히 떠 있는데도 어떤 개구리도 열 걸음 안에는 가까이 가려고 하지 않았다.

---

*　　그리스 신화에서 최고의 신으로 하늘과 천둥의 신. 로마 신화의 유피테르에 해당한다.

마침내 다른 개구리보다 용감한 개구리 한 마리가 물 위에 고개를 내놓고 멀찌감치 떨어진 곳에서 새로운 왕을 쳐다보았다. 다른 개구리들도 나무토막이 꼼짝 않고 가만히 있는 걸 보고 그 가까이나 둘레에서 헤엄을 치기 시작했다. 마침내 개구리들은 아주 대담해져서 나무토막 위에 뛰어 올라가 마구 함부로 대했다.

왕이 너무 순한 것에 불만을 품고 개구리들은 곧 제우스에게 이번에는 좀 더 활달한 왕을 보내달라고 간청했다. 제우스는 이번에는 황새 한 마리를 보내주었다. 그랬더니 황새는 호수에 도착하자마자 빠른 속도로 개구리를 한 마리씩 잡아먹기 시작했다.

새로운 왕이 개구리들을 잡아먹자 개구리들은 제우스에게 헤르메스*를 보내 자신들에게 자비를 베풀어달라는 메시지를 전했다. 그러자 제우스는 개구리들에게 그들이 어리석어서 제대로 벌을 받는 것이며 다음번에는 긁어 부스럼 내지 않는 법을 배우게 될 거라는 답장을 보내왔다.

---

*   신들의 전령이며 상업과 교역의 신. 로마 신화의 메르쿠리우스에 해당한다.

가장 부유한 사람은 자족할 줄 아는 사람이다. 아무리 많은 걸 가졌어도 현재의 삶에 만족하고 감사하지 못한다면 결코 부자가 아니다. 하지만 자족이란 말처럼 쉽지 않다.

특히 우리나라 사람들이 다른 나라 사람들에 비해서 자족하지 못하는 이유가 따로 있다. 우리는 만족감을 늘 타인에게서 찾는다. 자족감을 느끼려고 해도 자꾸 주변을 살펴본다. 남들보다 더 큰 차를 타야 만족하고 다른 사람보다 일찍 승진해야 기분이 후련하다.

우리나라 사람들이 조금 더 행복해지려면 가장 먼저 만족감의 기원을 타인보다 자기 자신에게서 찾아야 한다. 자신이 가진 것에 만족하려면 평소 훈련이 필요하다. 감사하는 마음은 자동으로 주어지지 않는다.

여러 해 전부터 사회심리학자들은 감사 일기gratitude journal 연구를 진행했다. 매일 일어나서 또는 잠들기 전에 감사 일기를 쓰도록 한다. 억지로라도 좋다. 감사할 일은 사소해도 상관없다. 병원에서 진행한 연구에서는 약 한 달 정도만 써도 각종 질병이 있는 환자들에게서 병세 호전 효과가 나타났다. 작은 만족감이라도 매일 스스로 확인하는 습관이 행복의 기초가 된다고 연구자들이 주장하는 이유다.

돼지와 양

새끼 돼지 한 마리가 도살장을 피해서 양들이 살고 있는 우리로 들어가 그곳을 거처로 삼았다. 어느 날 양치기가 돼지를 붙잡자 돼지는 꽥꽥 소리를 지르며 있는 힘을 다해 도망치려고 했다. 양들은 그렇게 소란을 피우는 돼지를 비난하며 이렇게 말했다.

"주인이 가끔 우리를 붙잡을 때가 있지. 그래도 넌 우리가 우는 모습을 한 번도 본 적이 없을걸."

그러자 돼지가 양들한테 말했다.

"맞아. 하지만 상황이 달라. 주인이 너희를 붙잡을 때는 양털을 깎기 위해서지만, 주인이 나를 붙잡을 땐 식탁에 올려놓으려고 하는 거니까."

생쥐들의 회의
(고양이 목에 방울 달기)

The Mice in Council

옛날 옛적에 생쥐들이 늘 고양이 한 마리에게 쫓기는 게 괴로워 이 영원한 적을 제거할 가장 좋은 방법을 찾으려고 회의를 소집했다. 많은 계획과 제안이 나오고 토론이 이루어졌지만 하나같이 무산되었다.

마침내 어떤 젊은 쥐 한 마리가 일어나 앞으로는 고양이가 다가오면 알아차리고 도망칠 수 있도록 고양이 목에 방울을 달면 좋겠다고 제안했다. 이 회의에 참석한 생쥐들은 박수갈채를 보냈고 그 제안은 즉시 만장일치로 채택되었다.

그러자 회의 내내 계속 잠자코 앉아 있던 나이 든 쥐 한 마리가 자리에서 일어나더니 그 방법은 아주 교묘해 틀림없이 성공을 거둘 거라고 말했다. 그러면서 그 제안을 한 젊은 쥐에게 그들 중에 과연 누가 고양이 목에 방울을 달 거냐고 물었다.

118

훌륭한 말과 좋은 계획보다 중요한 건 실행이다. 아무리 그럴듯한 계획을 세워도 행동에 옮기지 못하면 아무 소용이 없다. 좋은 계획을 세우는 것과 그 계획을 실행에 옮기는 건 전혀 다른 일이다. 젊은 쥐에게는 훌륭한 아이디어가 있었지만 나이 든 쥐에게는 현실감각이 있었다.

그 계획의 실행력이 떨어지는 분명한 이유가 있다. 어떤 쥐라도 고양이 목에 방울을 다는 일은 생각만 해도 끔찍하다. 목숨을 걸고 해야 하는 두려운 일이기 때문이다. 마찬가지로 우리도 불안이 지나치게 높은 일은 실행력이 떨어질 수밖에 없다.

지나치게 불안이 높아지는 일을 하면 다른 성격 특성이라도 힘을 발휘해야 실행력이 생긴다. 바로 '개방성openness'이다. 누구나 가지고 있는 이 성격 특성은 상상력이 풍부하고 호기심이 많은 정도를 말한다. 어린 시절 우리는 모두 미지의 세계를 탐험하는 꿈을 꾸면서 높은 개방성을 가졌다. 하지만 자라면서 점점 사라져 이젠 혁신 기업의 리더에게나 있는 특성처럼 여긴다.

지금이라도 우리의 불안을 낮추고 개방성을 조금씩 높이면 창의적인 방법으로 고양이 목에 방울을 다는 일도 분명히 가능하다.

농부와 두루미

The Farmer and the Crane

두루미 몇 마리가 밭에 터를 잡아 살고 있었다. 그 밭에는 얼마 전 한 농부가 밀알을 뿌려둔 터라 얼마 동안 농부는 돌멩이 없이 고무줄 새총으로 두루미들을 위협해 몰아냈다. 그러나 농부가 돌멩이 없이 새총을 쏜다는 걸 알아챈 두루미들은 더는 농부를 두려워하지 않고 달아나지도 않았다. 그래서 농부는 새총에 돌멩이를 장전해 두루미들을 상당히 많이 죽였다. 그러자 두루미들이 달아나면서 서로에게 이렇게 소리쳤다.

"이제 정말 달아날 때야. 이 사람은 이제 위협만 하는 게 아니거든. 우리를 죽이려고 작정했다고."

말보다는 행동이다. 공부해라, 골고루 먹어라, 운동해라. 부모가 아무리 잔소리해도 소용없다. 자기 내면에서 자발적인 동기가 생기지 않으면 아이들은 좀처럼 행동에 옮기지 않는다. 목이 터져라 외치는 부모는 속이 탄다. 그러면 아이의 동기는 어떻게 만들어지는 걸까?

모름지기 아이들은 부모의 말이 아니라 행동을 보고 모방하기 마련이다. 처음 말을 배울 때, 아기를 떠올려보라. 아이가 머리로 언어를 학습하는 줄 알지만 엄마의 입 모양을 그대로 따라 하는 중이다. 커가면서도 아이는 부모의 모습을 본받아 자란다.

부모가 무슨 일에든 최선을 다하고 열심히 하는 모습, 영양가 가득한 음식을 골고루 맛있게 먹는 모습, 건강을 위해 꾸준히 자기 몸과 마음을 관리하는 모습 등을 보여준다. 그러면 굳이 말하지 않아도 아이는 부모의 행동을 스스로 따라 한다.

어느 부모는 아이에게 공부를 강요하는 대신 가족용 책상을 마루에 놓고 온 식구가 함께 책을 읽는다고 한다. 그렇게 하니까 전보다 잔소리가 훨씬 줄었다고 한다. 부모와 자녀 사이에서는 이런 모델링이 천 마디의 말보다 실행력을 훨씬 높이는 방법이다.

대머리 기사騎士

The Bald Knight

옛날에 나이가 들면서 점점 머리카락이 빠져 대머리가 된 기사가 살고 있었다. 대머리가 되자 그는 가발을 써서 대머리를 감추기로 마음먹었다. 어느 날 친구들과 함께 사냥하러 나갔을 때 갑자기 바람이 불어와 가발이 날아가 버렸다. 대머리가 훤히 드러난 그를 보고 친구들이 배꼽을 쥐며 웃어댔고, 기사 자신도 다른 사람들과 마찬가지로 웃었다. 그리고 이렇게 말했다.

"어떻게 그 머리카락이 내 머리에 붙어 있기를 기대할 수 있겠나? 내 머리에서 자라 나온 머리카락도 머리에 붙어 있으려고 하지 않는데 말이야."

인간의 약점에는 하나의 특징이 있다. 감추면 감출수록 더 큰 약점이 된다는 점이다. 게다가 몰래 감춘다는 건 앞으로 언젠가 남들에게 들킬 수 있다는 위험이 있다.

정신분석학에서는 약점이나 숨기고 싶은 열등감을 '콤플렉스complex'라고 부른다. 상담 전문가들은 이런 콤플렉스를 치유하기 위해 무엇보다 내담자 자신이 먼저 자신을 사랑하는 힘을 기르도록 돕는다. 실은 탈모 때문에 자신을 창피하게 여기는 게 아니다. 원래 자기 자신은 사랑받을 만한 가치가 없다고 여기는 낮은 자존감이 더 큰 문제다.

우화의 기사처럼 대머리가 약점이 아니라 강점이 되려면 자신 있게 드러내야 한다. 이제 대머리 기사는 아예 머리를 시원하게 밀고 당당하게 친구들과 만날 수도 있지 않을까?

우리를 있는 모습 그대로 봐주는 친구들이 있다면 얼마든지 변화를 만들수 있다. 내 편이 많을수록 우리는 콤플렉스를 숨기지 않고 당당하게 드러낼수 있기 때문이다. 때로는 우리의 가장 취약한 약점이 훌륭한 매력 포인트가 될 수도 있다.

불평하는 당나귀와 주인들

The Ass and His Masters

정원사 집에 사는 당나귀 한 마리가 있었다. 그 당나귀는 먹을 것은 조금밖에 주지 않고 일만 많이 시키는 정원사 말고 다른 주인을 섬기게 해달라고 제우스에게 청했다. 당나귀의 불평에 화가 난 제우스는 당나귀를 도자기공에게 보냈다. 이제 당나귀는 전보다도 훨씬 더 무거운 짐을 운반해야 했기 때문에 또다시 제우스에게 자기 일을 덜어달라고 호소했다. 그래서 제우스가 이번에는 당나귀를 무두질장이에게 팔려가도록 했다. 당나귀는 새 주인이 무슨 일을 하는지 깨닫고는 신음하며 울부짖었다.

"아, 나는 얼마나 비참한 놈인가! 예전 주인들한테 만족했더라면 좋았을걸. 지금 주인은 내가 살아 있는 동안 더욱 심하게 일을 부려먹고 죽고 나면 내 가죽까지도 가만 놔두지 않겠지!"

황소와 염소

The Bull and the Goat

옛날에 황소 한 마리가 사자에 쫓겨 염소가 살고 있는 동굴로 피신했다. 염소는 심술궂은 짐승인지라 황소를 자기 뿔로 받으면서 공격했다. 그러자 황소가 염소에게 말했다.

"내가 지금 참고 있는 게 네놈이 무서워서 그런다고 생각하지 마라. 사자 놈만 보이지 않으면 당장에 네놈과 황소가 무엇이 다른지 보여주겠다."

노인과 죽음

한 노인이 무거운 막대기 다발을 메고 먼 길을 여행했다. 그는 너무 지쳐서 막대기 다발을 땅 위에 던져 내려놓고 죽음의 신에게 이 비참한 삶에서 벗어나게 해달라고 빌었다. 그러자 죽음의 신이 곧바로 노인 곁으로 와서 그가 원하는 게 무엇인지 물었다. 노인이 죽음의 신에게 말했다.

"죽음의 신이여, 제 청을 하나 들어주십시오. 이 무거운 짐을 다시 한번 들어 올려주소서."

우화에서처럼 사람들은 삶이 견디기 어려워 하루에도 몇 번씩 죽고 싶다고 말하면서도 막상 죽음의 신이 가까이 오면 두려움에 떤다.

'마음챙김mindfulness'은 최근 심리 상담 분야에서 중요하게 다루는 연구 주제다. 불교 수련에서 비롯된 이 개념은 과거와 미래와 연관된 판단을 멈추고 '지금 여기에', 즉 현재에만 집중하는 훈련이다. 본시 우리는 현재에만 존재한다. 과거는 이미 없는 시간이고, 미래도 아직 없는 시간이다. 그런데도 우리는 자꾸 과거에 매여 살거나 미래에 대한 공포로 현재를 채우기 일쑤다.

'죽음 준비 교육 프로그램'에서는 생에 남은 시간이 딱 일주일이라면, 꼭 하고 싶은 일을 적어보라고 한다. 이런 가정은 바로 죽음이 코앞에 다가오더라도 그저 담담하게 현재를 살라는 훈련이다. 하루를 충만하게 살 때, 과거의 회한과 미래의 불안에서 조금씩 자유로워진다. 늘 현재만 사는, '영원한 현재'를 누리는 비결이다.

수말과 당나귀

화려하게 치장하고 전쟁터에 나가던 수말 한 마리가 큰 소리를 내며 길을 걷고 있었다. 바로 그때 등에 무거운 짐을 지고 같은 길을 따라 터벅터벅 걸어가던 당나귀가 수말을 보며 부러워했다. 자만해진 수말은 당나귀에게 큰 소리로 이렇게 명령했다.

"내 길에서 선뜻 비키지 못할까! 그러잖으면 내가 짓밟아버릴 테다!"

당나귀는 아무 말도 하지 않고 조용히 길옆으로 비켜서서 말이 지나가도록 해주었다. 얼마 뒤 당나귀는 같은 길에서 같은 말을 만났는데 상황은 전과 달랐다. 수말은 전쟁터에서 큰 부상을 당했고 그 주인은 전사했다. 수말은 이제 절름발이에다 한쪽 눈도 보이지 않았고 무거운 새 주인을 태워 걷고 있었다. 게다가 새 주인은 수말을 무자비하게 채찍으로 때리면서 채근하고 있었다.

생쥐와 족제비

The Mice and the Weasels

생쥐들과 족제비들이 오랫동안 싸움을 벌였다. 생쥐들은 계속해서 싸움에서 패배하자 대책 회의를 열었다. 이 회의에서 생쥐들은 자신들이 패배한 건 바로 규율이 없기 때문이라는 데 의견을 모았다. 그래서 그들은 앞으로 자신들을 이끌 지휘관들을 선출하기로 하고 주요 직책에 적합한 용기 있고 용맹한 쥐들을 뽑았다. 새로 뽑힌 지휘관들은 자부심을 느끼고 가능하면 앞에 나서서 눈에 띄고 싶었다. 그래서 자기들의 명예를 상징하는 장식과 표지로 이마에 뿔을 달았다. 얼마 후 다시 족제비와 싸움이 시작되었다. 전과 마찬가지로 생쥐들은 곧 쫓겨 달아났다. 그러나 일반 병사들은 쥐구멍 속으로 무사히 도망쳤지만 지휘관들은 뿔이 방해가 되어 하나같이 적군에 붙잡히고 말았다.

소년과 개구리

The Boys and the Frogs

소년 몇 명이 연못가에서 놀다가 물속에 개구리가 많이 있는 걸 보고 개구리들을 향해 돌을 던지기 시작했다. 아이들은 벌써 가엾게도 개구리를 많이 죽이고 말았다. 바로 그때 다른 개구리들보다 용감한 개구리 한 마리가 물 위로 머리를 내밀고 아이들에게 외쳤다.

"도련님들, 이 잔인한 장난을 그만두세요! 도련님들한테는 장난이지만 우리들에겐 목숨이 달린 일이니까요."

우리가 일상에서 재미로, 혹은 아무 문제의식 없이 하는 말과 행동이 타인의 몸과 마음에 상처를 줄 수 있다. "그냥 장난 좀 친 건데요" 하고 아무런 문제 의식 없이 던지는 거침없는 말과 행동을 주의해야 한다. 입장을 바꿔 생각해 본다면 언젠가 우리가 던진 돌에 우리가 당할 수도 있다.

최근 한 방송에서 SNS 공간을 만들어 참가자들이 가상의 대상에게 언어 적으로 '집단 따돌림'을 당하는 실험을 진행했다. 실험에 참여한 한 대학생은 실험을 마친 후 말을 잇지 못했다. 마치 전기 충격에서 벗어나지 못한 모습 이었다. 몇 학생들은 참았던 울음을 터뜨리고 말았다. 아마 가해자들은 이렇 게 이야기할지 모른다. "그냥 장난 좀 친 건데요."

사실 연못가의 아이들에게 특별한 악의가 있지는 않았다. 그러나 아이들 은 자기 입장에서만 생각하는 우를 범했다. 판단의 기준은 피해를 당하는 쪽 에 있다. 그동안 우리도 깊이 생각하지 않고 의미 없이 던진 거친 말이 누군 가의 영혼을 죽인 적이 과연 없었을까. 곰곰이 되짚어봐야 한다.

말과 짐 실은 당나귀

The Horse and the Loaded Ass

옛날에 말 한 마리와 당나귀 한 마리를 소유한 사람이 살고 있었다. 여행을 떠날 때면 으레 그 사람은 말한테는 짐을 싣지 않고 당나귀의 등에만 모든 짐을 싣곤 했다. 여느 때와 같이 여행을 하던 어느 날, 당나귀는 얼마 전부터 몸이 좋지 않아 말에게 자기 짐을 조금만 덜어달라며 부탁했다.

"네가 내 짐을 조금만 맡아준다면 난 곧 몸이 나을 거야. 하지만 내 부탁을 거절하면 난 이 짐 무게 때문에 죽고 말 테지."

그러나 말은 당나귀에게 불평 말고 계속 짐을 지고 가라고 말했다. 도리 없이 당나귀는 묵묵히 느린 걸음으로 걸음을 이어갔지만 곧 자신이 예상한 대로 짐 무게에 눌려 길에서 그만 쓰러져 죽고 말았다. 주인은 죽은 당나귀에서 짐을 풀어 말의 등에 실었을 뿐 아니라 죽은 당나귀까지 끌고 가도록 했다. 그러자 말이 울부짖으며 한탄했다.

"이게 다 내 탓이지 뭐야! 내 몫의 짐을 지지 않으려고 하다가 짐은 물론이고 죽은 당나귀까지 싣고 가게 됐군."

늑대와 사자

The Wolf and the Lion

어느 날 늑대 한 마리가 양 한 마리를 잡아 자기 굴로 돌아가다가 사자를 만났다. 사자는 즉시 늑대한테서 양을 빼앗아 끌고 갔다. 늑대는 사자와 적당히 떨어진 안전한 곳에 서서 사자를 향해 으르렁거리며 양을 빼앗아 간 짓을 부끄러워하라고 말했다. 그러자 사자가 웃으면서 대꾸했다.

"그렇다면 너한테 처음 그 양을 준 건 네 좋은 양치기 친구였겠구나."

상담사가 중요하게 다뤄야 하는 내담자의 방어기제 중 '투사적 동일시 projective identification'가 있다. 내담자가 상담사에게 자신의 불편한 느낌을 '투사'하고, 그 결과로 상담사가 그러한 느낌을 그대로 '동일시'하게 만드는 심리적 과정이다.

예컨대 늑대는 자신 안에 있는 공격성과 탐욕을 사자에게 투사하고자 한다. 만약 사자가 자신을 남의 물건을 빼앗는 탐욕스러운 존재로 동일시하고 부끄러워한다면 늑대는 '투사적 동일시'를 통해 자신의 불편한 감정과 거리를 둘 수 있다. 하지만 사자는 이런 늑대의 '투사적 동일시'를 사전에 차단하고 있다.

만약 숙련된 상담사라면 내담자의 '투사적 동일시'를 어떻게 다룰까? 내담자가 투사한 감정을 차단하기보다는 함께 느끼고자 노력한다. 그래야 내담자의 내밀한 감정에 상호 공감할 수 있기 때문이다.

포도나무와 염소

The Vine and the Goat

옛날에 잘 익은 포도가 주렁주렁 달리고 부드러운 어린 가지들이 돋아나 풍성하게 수확할 날을 기다리고 있는 포도나무 한 그루가 있었다. 그런데 갑자기 장난꾸러기 염소 한 마리가 나타나 포도나무 껍질을 갉아 먹고 어린 잎사귀를 조금씩 물어뜯었다. 그러자 포도나무가 염소에게 말했다.

"너한테는 이런 식으로 내게 해를 입힐 권리가 없어. 하지만 머지않아 톡톡히 복수를 해주고 말 테다. 네가 내 잎사귀 끝을 잘라내고 나를 뿌리까지 잘라버려도, 네가 제단에 희생물로 끌려올 때 난 네 위에 부을 포도주를 선사할 거야."

시골 처녀와 우유통

The Maid and the Pail of Milk

한 시골 처녀가 우유통을 머리에 이고 농가로 나르면서 머릿속으로 이것저 것 백일몽을 꾸기 시작했다.

"이 우유를 팔아 생긴 돈으로 지금 내가 갖고 있는 달걀을 300개로 늘릴 수 있을 거야. 해충에 뺏기는 것을 제하더라도 그 달걀에서 적어도 병아리 250마리가 부화하겠지. 그 병아리들을 내다 팔 때쯤에는 닭값이 비싸질 거 야. 그렇게 되면 틀림없이 새해에는 새 옷 살 돈을 마련할 수 있겠지. 가만 있자, 그래, 초록색 옷이 내게 가장 잘 어울려. 꼭 초록색 옷으로 해야지. 그 옷을 입고 시장에 나가면 젊은이들이 모두 나와 함께 춤을 추고 싶어 하겠 지. 하지만 안 돼. 난 고개를 저으며 모두 다 거절할 거야."

이런 생각에 정신이 팔린 시골 처녀는 다시 고개를 내저었다. 바로 그 순 간, 우유통이 땅에 떨어졌고 행복한 꿈도 순식간에 온데간데없이 사라져버 렸다.

이 우화를 읽다 보면 우리나라 속담, 떡 줄 사람은 생각하지도 않는데 김칫국부터 마시는 사람의 모습이 보이기도 한다. 이 여성은 우리가 '백일몽'이라고 하는, 자신의 상상 속에서 하나의 세상을 그려보고 있다.

그 세상에서는 우유가 갑자기 돈으로 변하고, 돈은 다시 달걀로, 달걀은 병아리가 되더니 닭이 되었다. 닭은 다시 돈으로 변하더니 예쁜 옷이 되고 많은 남성에게 춤추자는 요청을 받는 상상까지 이어진다.

인간은 보이지 않는 대상을 상상할 수 있는 능력을 오랜 시간 발전시켜 왔다. 우리가 누리는 편리한 현대 문명은 선조들의 상상력에서 비롯되었다고 해도 과언이 아니다. 문화를 창조하고 발전시키는 원동력도 인간의 상상력에서 비롯되었다. 물론 백일몽이라고 여기는 허황된 꿈도 있겠지만 누가 뭐래도 상상하는 능력은 인간이 가진 위대한 힘이다.

판타지 소설《해리 포터*Harry Potter*》시리즈의 작가 J. K. 롤링은 우리에게 가장 중요한 상상은 타인의 고통을 상상하는 거라고 말한 적이 있다. 결국 온갖 시도를 해볼 수 있는 상상 속의 세계는 우리가 어떤 존재인지, 타인과 어떻게 관계를 맺을지 설명해주는 지도가 될 수 있다. 당신은 요즘 어떤 상상을 자주 하며 사는가?

아프로디테*와 고양이

옛날에 한 젊은 남자를 사랑하는 고양이 한 마리가 살고 있었다. 고양이는 그 남자의 사랑을 얻기 위해 아프로디테에게 자기를 처녀로 변하게 해달라고 부탁했다. 고양이에게 동정심을 느낀 아프로디테는 고양이를 예쁜 아가씨로 만들었다. 그래서 젊은 남자는 이 아름다운 젊은 여자와 사랑에 빠졌고 마침내 신부로 삼아 집에 데려왔다. 두 사람이 방에 함께 앉아 있을 때 아프로디테는 자신이 고양이의 형체를 바꾸었는데 그 본성까지도 바뀌었는지가 궁금했다. 그래서 아프로디테는 생쥐 한 마리를 고양이 앞에 가져다 놓았다. 그랬더니 자신이 인간으로 변한 걸 까맣게 잊어버린 채 고양이는 의자에서 번쩍 뛰어내려 그 즉시 생쥐를 잡아먹을 듯 달려들었다. 그 끔찍한 행동을 보고 놀란 아프로디테는 그 젊은 여자를 다시 고양이로 만들어버렸다.

---

*   미와 사랑의 여신. 로마 신화에서 베누스이고, 흔히 영어식으로 비너스라 일컫는다.

자기수용 self-acceptance 이란 자신이 경험하는 것을 판단하거나 평가하지 않고, 있는 그대로 받아들이며 이해하는 것을 의미한다. 즉, 자신의 강점 또는 약점, 신체적 조건을 포함해 열등감과 두려움 등 내면의 심리 현상과 정서까지 있는 그대로 인식하고 인정하며 자기 자신을 받아들이는 것이다. '자기수용'에 실패한 우화 속 고양이는 겉모습은 여성이지만 내면은 여전히 고양이였다.

상담심리학 연구자들은 우리가 자기를 수용하게 되면 타인을 수용하게 되고, 행복이나 삶의 만족도 등 주관적 안녕감이 높아진다고 말한다. 또한 심리 상담을 통해 내담자의 자기수용의 정도를 높일 수 있으며, 상담자의 자기수용 역시 상담자로서 자세와 역량 발달을 위해 매우 중요하다는 보고도 있다.

여러 연구의 결과처럼 자기수용은 타인에 대한 수용으로 이어지고, 삶의 만족도와 행복감을 높일 수 있는 지름길이다.

직공 세 사람

머지않아 포위 공격을 받게 될 거라는 소문이 퍼진 도시가 있었다. 사람들은 어떻게 하면 도시를 가장 안전하게 잘 방어할 수 있을까, 하고 그 방법을 토론하기 위해 회의를 소집했다. 벽돌공 한 사람이 벽돌을 쌓아 만든 벽이 도시를 방어할 수 있는 가장 좋은 방법이라고 주장했다. 그러자 목공은 목재가 더 좋다고 제안했다. 다음으로 무두질장이가 자리에서 일어나서 말했다.

"여러분, 뭐니 뭐니 해도 세상에 가죽보다 더 좋은 건 없죠."

당나귀의 그림자

어느 무더운 여름날 한 청년이 아테네에서 다른 도시 메가라까지 타고 갈 당나귀 한 마리를 빌렸다. 한낮에 내리쬐는 햇볕이 몹시 뜨거워 청년은 당나귀에서 내려 당나귀 그늘에 앉아 휴식을 취하고 싶었다. 그런데 마부가 자신도 그 그늘을 차지할 똑같은 권리가 있다고 주장하면서 앉으려고 했다. 그러자 청년이 마부에게 말했다.

"뭐라고요? 전 이 여행이 끝날 때까지 이 당나귀를 빌렸다고요."

그러자 마부가 말했다.

"당신 말이 맞아요. 하지만 당신은 당나귀를 빌렸지, 당나귀 그늘까지는 빌리지 않았습니다."

이런 식으로 두 사람이 장소를 놓고 서로 입씨름 벌이며 다투는 동안 당나귀는 뛰어 도망치고 말았다.

142

양의 옷을 걸친 늑대

The Wolf in Sheep's Clothing

늑대 한 마리가 다른 짐승으로 변장하면 좀 더 편하게 사냥하며 살아갈 수 있을 거라고 생각하고 양의 가죽을 뒤집어썼다. 그리고 나서 곧 양 떼 속에 교묘히 숨어 들어가서 양과 함께 풀을 뜯어 먹고 있었다. 그래서 양치기조차도 이 가짜 늑대에게 감쪽같이 속았다. 밤이 되어 울타리가 닫히자 늑대도 양과 함께 갇히게 되었다. 한편 양치기는 그날 저녁 식사로 양고기를 먹기로 했다. 그래서 양 한 마리를 끄집어내려고 우리 안에 들어가 양의 가죽을 쓴 늑대를 양으로 알고 그 자리에서 당장 죽이고 말았다.

양치기와 바다

한 양치기가 양 떼에게 풀을 뜯기려고 바닷가 근처 들판으로 데리고 내려갔다. 그런데 바다가 바람도 없이 조용하고 잔잔해진 모습을 본 양치기는 바다를 항해하고 싶다는 생각이 강하게 들었다. 그래서 돌아가는 길에 양을 모두 팔아버리고 대추야자 열매 한 짐을 샀다. 그는 곧 배에다 대추야자 열매를 싣고 출범했다. 그러나 양치기가 미처 멀리 가기도 전에 폭풍을 만났다. 배는 난파되고 대추야자 열매도, 짐도 모두 다 잃어버렸다. 양치기는 헤엄쳐 간신히 육지에 닿았다. 이런 사건이 일어난 지 얼마 되지 않아 바다가 다시 잠잠해지자 바닷가를 따라 함께 산책하던 친구 한 사람이 조용한 바다에 감탄했다. 그러자 양치기가 말했다.

"여보게, 조심하게나. 저 잔잔한 수면은 자네의 대추야자 열매를 노리고 있을 뿐일세."

헤르메스와 조각가

Mercury and the Sculptor

옛날에 헤르메스는 인간들이 자신을 어떻게 생각하고 있는지 알고 싶었다. 그래서 나그네로 변장하고 한 조각가의 작업실에 들어가 보이는 여러 조각품의 가격을 물었다. 그는 제우스 신상神像을 손가락으로 가리키며 조각가에게 값을 얼마나 부르겠느냐고 물었다. 그러자 조각가가 헤르메스에게 대답했다.

"1드라크마*를 받겠습니다."

헤르메스는 마음속으로 혼자 웃으며 물었다.

"이 헤라** 신상은 얼마인가?"

그러자 조각가는 아까보다 비싼 값을 요구했다. 그러다가 헤르메스는

---

*   그리스의 옛 화폐 단위. 고대 폴리스 시절부터 쓰이던 그리스 고유의 화폐 단위로 '한 움큼 쥐다'라는 동사에서 유래했다.

**   제우스의 아내로 로마 신화에서는 고대 로마의 수호 여신 유노다.

마침내 자신의 신상을 찾아냈다. 그리고 혼자서 마음속으로 생각했다.

'모르긴 몰라도 아마 열 배는 부르겠지. 어쨌든 난 하늘의 전령이니까. 또 이 조각가한테 돈을 벌게 해주는 장본인이기도 하고.'

그래서 헤르메스는 조각가에게 다시 한번 헤르메스 신상의 값이 얼마냐고 물었다. 그러자 조각가가 대답했다.

"글쎄요. 다른 두 신상 값을 제가 부른 대로 주신다면 그냥 공짜로 드리겠습니다."

자신의 존재를 특별하게 생각하는 건 좋은 태도다. 그러나 내가 남보다 항상 우월하다고 생각하기 시작할 때 불행이 싹튼다. 이런 사람들은 자신이 우월할 때는 교만함을 느끼고, 못할 때는 시기심이 발동한다.

나의 가치는 상대의 가치와는 다르기 때문에 감히 비교할 수 없다. 공부를 잘하는 사람과 운동을 잘하는 사람, 그림을 잘 그리는 사람은 다 각기 고유성이 있는데 어떻게 질적으로 다른 가치를 동등하게 비교할 수 있겠는가?

특히 부모는 자녀의 가치를 형제자매나 친구들과 비교하지 않아야 한다. "네가 형보다 수학을 잘 못 한다고 기죽지 마! 너는 활달한 성격을 가졌으니 분명 다른 분야에서 충분히 네 역할을 할 수 있을 거야!" 아이의 능력이나 성격을 있는 그대로 존중하고 인정하는 양육 태도는 아이 평생의 삶을 지탱할 중요한 자존감의 기초를 제공한다.

자신의 가치는 유일해서 다른 사람에게서는 찾을 수 없다. 지금처럼 물질만능주의, 경제적 측면에서 상대적 우위와 박탈감이 넘치는 시기에 나의 고유한 인생의 가치와 의미를 찾는 것, 내 존재의 방향성을 숙고하는 것이 중요한 이유가 바로 여기에 있다.

방앗간 주인과 아들과 당나귀

The Miller, His Son, and Their Ass

방앗간 주인과 그 아들이 당나귀를 팔려고 이웃 시장으로 당나귀를 데리고 길을 떠났다. 멀리 가지 않아 그들은 읍내에서 돌아오는 젊은 여자들을 만났다. 젊은 여자들은 즐거운 이야기로 웃으며 한껏 기분이 좋았다. 그중 한 여자가 방앗간 주인과 그 아들을 보며 말했다.

"얘들아, 저것 좀 봐! 참으로 멍청한 저런 부자父子를 본 적이 있니? 당나귀를 타고 갈 수 있는데도 터벅터벅 걸어서 가다니!"

이 말을 듣자, 나이 든 아버지는 아들을 당나귀에 태우고 자신은 그 옆에서 즐거운 표정으로 걸어갔다. 길을 가다가 그들은 곧 진지하게 토론을 벌이고 있는 사람들을 만났다. 그들 중 한 사람이 한탄했다.

"저 보라고! 방금 내가 한 말이 맞는다는 걸 증명하지 뭐야. 이제 더는 노인들을 공경하지 않는다고. 새파랗게 젊은 놈이 당나귀 위에 올라타고 제 늙은 아비는 걸어가는 저 모습이 보이는가? 이 불효막심한 놈아, 네 아비가 피곤한 발을 쉴 수 있게 그만 당나귀에서 내려라."

이 말을 듣자, 아버지는 아들을 당나귀에서 내리고 대신 자신이 당나귀 등에 올라탔다. 그렇게 얼마 가지 않아 이번에는 아낙네들과 아이들을 만났다. 방앗간 주인과 아들을 본 사람들 모두가 한목소리로 말했다.

"이 게으른 노인 양반아! 어린 자식 놈은 제대로 쫓아가지도 못하고 있는데 어떻게 혼자서 당나귀 등에 올라타고 간단 말인가?"

방앗간 주인은 잘못을 인정하고 아들을 자기 뒤에 태웠다. 읍내에 막 도착할 즈음 읍내 사람 하나가 말했다.

"그 당나귀가 자네 당나귀요?"

그러자 방앗간 주인이 대답했다.

"그렇습니다만."

"아, 난 당신들이 당나귀에 짐을 잔뜩 싣고 가서 당나귀 주인이 아닌 줄 알았소. 두 사람이 불쌍한 당나귀 등에 올라타고 가지 말고 오히려 당나귀를 등에 짊어지고 가야 할 거 같소."

그러자 방앗간 주인이 대답했다.

"당신 말대로 한번 해봐도 나쁘진 않겠군요."

그래서 두 사람은 당나귀 등에서 내려 막대에 당나귀 다리를 꽁꽁 묶어 매달아 어깨에 메고 읍내에 이르는 다리를 건너갔다. 그 모습이 너무 우스꽝스러워 사람들이 떼 지어 몰려와 웃어댔다. 그러자 시끄러운 소리에 놀라고, 묶여 있는 상황도 마음에 들지 않은 당나귀가 막대에 묶어둔 다리의 밧줄을 발길로 걷어차기 시작했다. 마침내 밧줄이 풀리면서 당나귀는 강물에 첨벙 빠졌다. 방앗간 주인은 화가 나기도 하고 부끄럽기도 해 집으로 줄행 랑을 쳤다. 모든 사람 기분을 맞추려고 하다가 결국에는 그 누구의 기분도 맞추지 못한 데다 당나귀마저 잃어버렸다는 사실을 뼈저리게 느끼면서 말 이다.

처음에는 방앗간 주인도 자신만의 생각이 있었다. 당나귀를 최상의 상태로 아주 좋은 값에 팔려는 계획이었다. 그러나 주변 사람들의 핀잔에 자신의 소신이 조금씩 흔들린다.

비단 방앗간 주인뿐 아니다. 누구든 다른 타인의 평가나 비난에서 완전히 자유로울 수 있는 사람은 없다. 인간이라면 누구나 다른 사람에게 잘 보이고 싶고, 인정받고 싶기 때문에 타인의 목소리에 어느 정도는 민감할 수밖에 없다. 게다가 다른 이들의 조언은 나름대로 꽤 설득력이 있다.

하지만 선택은 늘 내 몫이다. 분명히 다른 사람의 조언이 도움이 될 때도 많다. 그러나 결국 선택과 책임은 내 몫임을 기억하자. 상담 전문가로 살다 보면, 인생에는 정답이 없고 모든 사람의 삶은 모두 특별하다는 점을 깨닫게 된다. 조금 실수하고, 조금 돌아가면 어떠한가. 자신의 선택을 믿고 진지하게 성찰하는 태도로 자기 삶을 책임지는 법을 배워나가자. 그 과정을 통한 성장이 인생에서 진정 값지다.

2

세상을 이해하고
사람을 얻는 삶의 지혜

개구리와 황소

The Frog and the Ox

황소 한 마리가 늪지대 초원에서 풀을 뜯고 있다가 우연히 새끼 개구리들을 밟아 거의 모두 죽여버렸다. 가까스로 살아남은 개구리 한 마리가 겨우 빠져나와 엄마 개구리에게 이 무서운 소식을 전했다. 새끼 개구리가 엄마 개구리에게 말했다.

"어, 엄마! 그런 짓을 한 건 어떤 짐승, 아주 커다란 네 발을 가진 짐승이었어요!"

자만심이 큰 엄마 개구리는 자신도 쉽게 몸집을 크게 부풀릴 수 있다고 생각하고 자기 몸을 힘껏 부풀리며 물었다.

"얼마나 크던? 이만큼?"

그러자 새끼 개구리가 엄마 개구리에게 대답했다.

"아, 그보다 훨씬 더 컸다고요!"

그러자 엄마 개구리가 있는 힘을 다해 또다시 몸을 부풀리며 큰 소리로 물었다.

154

"그럼 이만큼 크더냐?"

새끼 개구리가 엄마 개구리에게 대답했다.

"엄마, 정말로 컸어요. 엄마가 몸이 터지도록 아무리 몸을 부풀려도 그 절반도 안 될걸요."

자기 힘이 무시당하자 어리석은 엄마 개구리는 다시 한번 몸을 크게 부풀리다가 그만 몸이 터져 공중으로 날아가고 말았다.

우물 안 개구리라는 말이 있다. 보통 학령기 이전의 아이는 모두 이런 '자기중심성egocentrism'을 가지고 세상을 본다. 내가 좋아하는 사탕을 엄마도 좋아할 거라고 믿는다. 엄마를 놀리려는 게 아니다. 아직은 자기가 세상의 중심일 뿐이다.

안타깝게도 엄마 개구리는 새끼 개구리보다 더 많은 세월을 살았지만, 발달 수준이 유아기의 자기중심성을 벗어나지 못했다. 아무리 성인이 되어도 자기가 세상의 중심이라고 굳게 믿는 유아 수준의 정체성을 가진 사람들이 실제로 있다.

혹여 엄마 개구리가 황소를 단 한 번도 직접 보지 못했다 하더라도 구태여 자기 몸을 점점 더 크게 확장할 필요는 없었다. 세상에는 황소뿐만 아니라 수많은 동물이 있고 그중 수많은 개체가 자신보다 크기 때문이다.

자연스럽게 자기중심성을 벗어난 우리는 학령기를 거치며 다양한 친구들의 존재를 인정하고 존중하는 법을 배운다. 더 나아가서는 잘 모르는 사람까지도 배려하는 단계까지 발달해간다.

까마귀와 물병

The Crow and the Pitcher

목이 말라서 거의 죽을 지경이 된 까마귀 한 마리가 멀리 떨어져 있는 곳에 물병 하나를 발견하고는 기쁜 마음으로 날아갔다. 그런데 막상 앞에 가 보니 물이 아주 조금밖에 없어서 아무리 애를 써봐도 부리가 물까지는 닿지 않았다. 그래서 까마귀는 물병을 뒤집어엎어 깨뜨릴까, 생각도 해보았다. 그러나 까마귀에게는 그럴 만한 힘이 없었다. 마침 바로 옆에 있는 작은 조약돌 몇 개가 보였고 조약돌을 하나씩 또 하나씩 물병 속에 떨어뜨렸다. 이런 식으로 해서 물병의 물이 점차 꼭대기까지 차오르자 까마귀는 물을 마시고 갈증을 풀었다.

인간의 위대한 발견은 절박할 때 이루어지는 경우가 많다. 까마귀는 만약 목이 마르지 않았다면 물이 거의 남아 있지 않은 물병을 거들떠보지도 않았을 것이다. 그러나 까마귀는 절박했고 우연과 지혜를 더해 결국 물을 마시고 생명을 연장하게 되었다.

엄청난 역경이 찾아올 때, 자신에게 진정 필요한 게 무엇인지 고심한다. 그리고 그 절박감을 해결하려는 의지와 창의성 역시 샘솟듯 커진다. 창의성은 다빈치나 미켈란젤로와 같은 천재나 예술가만의 전유물이 아니다. 우리도 창의성의 주인공이 될 수 있다. 가장 독창적인 창의성은 절박한 이들의 주도성에서부터 시작되기 때문이다.

일단 남의 힘을 빌리는 게 아니라 스스로 해보려는 의지가 무엇보다 중요하다. 까마귀는 주위를 둘러보다가 평소에는 눈여겨보지 않았던 조약돌을 하나의 해결 자원으로 발견했다. 얼마 안 되는 물을 어떻게 하면 먹을 수 있을지 독창적인 아이디어도 떠오르기 시작했다.

가장 어두운 밤이 도래하더라도 그곳에는 반드시 어둠을 밝힐 기회가 숨어 있다. 아무리 큰 역경도 인내와 주도성을 갖고 도전하다 보면 생각지 못한 길이 보이기 마련이다.

파리 떼와 꿀단지

The Flies and the Honey Jar

꿀단지 하나가 부엌 바닥에 떨어져 엎질러지자 파리들이 달콤한 냄새를 맡고 몰려와 흐른 꿀을 핥아 먹기 시작했다. 파리가 떼 지어 그 위에 몰려들면 꿀이 한 방울이라도 남아 있는 한 그 자리에서 좀처럼 떠나려고 하지 않았다. 마침내 파리의 발이 꿀에 달라붙어 아무리 안간힘을 써도 도저히 날아갈 수가 없게 되었다. 음식 욕심 때문에 꼼짝달싹 못 하게 된 파리들이 이렇게 소리쳤다.

"우리가 얼마나 어리석은 미물이냐? 작은 즐거움 때문에 목숨을 던져버리다니!"

흔히 위기 속에 기회가 있다고 말한다. 상담학적으로 진정 타당한 말이다. 인간은 절망 속에서 가장 큰 삶의 의미를 찾게 되고, 상담사와 내담자는 절망 중에 가장 큰 소망을 발견한다.

거꾸로 말하면 기회 속에도 위기가 있을 수 있다. 누군가가 이번 달 복권이 큰돈을 벌 절호의 기회라고 권했다고 가정해보자. 상담학자들은 누구나 기회를 지나치게 믿으면 '합리화'의 유혹에 빠지게 된다고 본다. 합리화는 어쩔 수 없는 상황이니 지금의 선택이 최선이라고 스스로 설명하고 안심하게 하는 힘이다.

그러나 기회가 오면 비현실적인 '합리화'에 빠지지 않았는지 스스로 점검하는 게 중요하다. 중요한 건 속력이 아니라 그 방향이 맞는지를 점검해보는 능력이다. 그러므로 모든 게 잘 되는 것처럼 보일 때 오히려 멈춰 서서 전후좌우를 돌아봐야 한다.

기회나 위기 모두 양날의 칼이다. 꿀은 입에는 착 달라붙는 달콤한 음식이지만 정작 발에 달라붙으면 수렁이 되고 만다. 꿀은 달콤한 만큼 치명적이다. 쾌락이 눈앞에 있을 때는 자기 합리화의 함정에 빠지기 쉽다. '지금 이 결정이 무조건 최선이야!' 하지만 삶의 달콤함이 클수록 함정도 깊을 수 있음을 기억해야 한다.

나이로 치자면 분명 성인인데, 혹시 우리의 발달 단계가 유아기 '자기중심성'에 머무르고 있지 않은지 항시 살펴봐야 한다. 타인을 인정하고 존중하는 일이 우리 배가 터져 공중분해되는 것보다 훨씬 나을 테니까.

달과 어머니

The Moon and Her Mother

옛날에 달이 자기 어머니에게 잘 맞는 귀여운 옷 한 벌을 지어달라고 부탁했다. 그러자 어머니가 달에게 말했다.

"내가 어떻게 너한테 잘 맞는 옷을 지어줄 수 있겠니? 지금은 초승달이지만 곧 너는 보름달이 될 텐데. 그리고 그 뒤에는 초승달도 보름달도 아니게 될 거야."

고대 그리스의 철학자 헤라클레이토스는 같은 강물에 발을 두 번 담글 수 없다고 했다. 시시각각 변하는 계절에 강물은 쉼 없이 흐른다. 아직 아이인 달은 영원히 귀여운 아이가 되고 싶지만, 어머니는 곧 아이가 변할 것을 알고 있다.

이렇듯 삶 역시 고정되어 있지 않고 날마다 변화한다. 오늘은 어제와 완전히 다르다. 변화가 극도로 빠른 시기에 중요한 것은 무엇일까? 미래에 대한 불안에 휩싸이기보다는 현재를 충만하게 누리는 자세다.

급격한 변화가 우리를 압도하면 우리는 현재를 살아갈 수 없다. 지금 할 수 있는 게 하나도 없다고 느끼기 때문이다. 청년들이 미래에는 인공지능이 자신을 대체할 거라고 지나치게 두려워하면 현재의 시간을 공허하게 허비하고 만다.

상담사는 내담자가 '영원한 현재'를 경험하도록 돕는다. 우리는 늘 현재에 산다. 오늘 초승달에 살다가, 또 다른 오늘에는 보름달에 산다. 과거의 회한에 빠져 있지 않으려면 오롯이 오늘을 살아야 한다. 미래의 불안에 빠지지 않기 위해서라도 오늘에만 몰입해야 한다. 희망을 품고 나를 바라봐주는 가족이나 친구들과 함께 현재를 충만하게 누릴 수 있다면 금상첨화다.

싸움닭과 독수리

The Fighting Cocks and the Eagle

어린 수탉 두 마리가 거름더미를 서로 차지하려고 격렬하게 싸움을 벌이고 있었다. 마침내 싸움에서 진 수탉이 상처투성이 몸으로 암탉이 사는 집 한 구석으로 기어 들어갔다. 싸움에서 이긴 수탉은 곧바로 바깥채의 지붕 꼭대기로 올라가 날개를 푸드덕대며 자기가 싸움에서 이겼다는 사실을 큰 소리로 외쳤다.

바로 그때 독수리 한 마리가 하늘에서 급히 내려와 발톱으로 수탉을 낚아채 날아가버렸다. 싸움에서 지고 몰래 숨어서 이 모습을 줄곧 지켜보던 수탉이 밖으로 나와 거름더미를 차지했다. 그러고는 마치 장엄한 왕처럼 당당하게 암탉들 사이를 뽐내며 걸어 다녔다.

유한한 삶이 우리에게 알려주는 두 가지 지혜가 있다.

첫째, 우리가 언제 죽을지 알 수 없다는 사실이다. 싸움에 이긴 수탉은 이제 자기 삶이 탄탄대로일 거라고 확신했다. 그래서 자신이 이겼다는 사실을 모두에게 큰 소리로 알렸다. 승리한 자의 포효다. 그러나 최고가 되었다는 그 외침은 도리어 그를 파국으로 이끌었다.

둘째, 삶에는 영원한 승자도 패자도 없다는 사실이다. 싸움에 진 수탉은 집의 구석으로 기어 들어갔다. 그러나 삶이란 새옹지마. 싸움에 진 수탉이 오히려 싸움에서 이긴 왕이 되어버렸다.

위기를 겪는 부부 상담을 하다 보면, 두 사람이 모두 피해자와 가해자로 뒤섞여 있는 걸 발견하곤 한다. 가해자처럼 소리 지르는 남편이 보이는가 하면, 잠시 뒤 아내와 자녀들에게 무시당하는 불쌍한 남자가 되기도 한다.

그래서 부부 상담을 남편과 아내 중 승자와 패자를 결정짓는 판정 과정으로 오해하는 건 절대 금물이다. 부부 상담사는 오직 자신만이 승자라고 믿는 두 사람에게 부부 갈등에 대한 상호 책임을 묻는다. 둘 다 져야 비로소 둘 다 이길 수 있는 화해의 접점을 찾을 수 있다.

역전과 반전이 가득한 곳, 그곳이 바로 우리의 일상이다. 하지만 그 역설을 수용하는 순간, 서서히 치유와 회복이 시작된다.

당나귀와 여치

The Ass and the Grasshopper

한 당나귀가 여치 몇이 부르는 노래를 들었다. 당나귀는 아름다운 음악에 매혹당해 자기도 여치와 똑같은 음악적 재능을 갖고 싶어 했다. 그래서 당나귀는 여치들에게 그렇게 노래를 잘하려면 뭘 먹어야 하느냐고 물었다. 그러자 여치들은 당나귀에게 이슬밖에 먹는 게 없다고 대답했다. 이 말을 듣고 당나귀는 여치와 똑같이 이슬만 먹다가 곧 굶어 죽고 말았다.

가끔 쌍둥이를 둔 양육자들이 똑같이 생긴 쌍둥이도 서로 성격과 생각이 전혀 다르다고 말한다. 우리는 가끔 논리적으로도 말이 안 되는 환상을 가진다. 누구나 노력하면 모든 면에서 뛰어날 수 있다는 생각은 착각이고, 진정 환상이다. 누구나 잘하는 것이 있고, 해도 안 되는 일 역시 있기 마련이다.

안타깝게도 부모는 항상 무언가에 뛰어난 능력을 지닌 주변 사람과 자기 자녀를 비교한다. 똑같은 학원에 보내고, 똑같은 영양제까지 먹이면서 똑같이 만들려고 든다. 자기 자녀는 노력만 하면 모든 과목에서 뛰어난 성적을 거두리라고 착각하면서. 그러나 결국 마지막에 얻게 되는 결론은 한 가지다. "내 아이는 당최 잘하는 게 하나도 없어."

당나귀의 죽음은 바로 우리 자녀들의 강점과 특색이 죽는 걸 의미한다. 그간 많은 긍정심리학 연구자가 개인이나 조직의 성공 배후에 있는 숨은 비결을 연구했다. 그들은 자기 약점에 집중할 시간에 오히려 자기 강점을 강화할 때 더 많은 성과를 낸다는 결론에 도달했다. 수많은 약점으로 기를 죽이는 대신, 작은 강점이라도 찾아 기를 살려줘야 한다. 그럴 때 사람은 상상하지도 못한 놀라운 성과를 이뤄낸다.

제우스와 낙타

Jupiter and the Camel

몇백 년 전 낙타가 제우스를 찾아가 자기도 뿔을 갖게 해달라고 부탁했다. 다른 동물들과 비교해보면 자신은 뿔이 없어 방어 능력이 없다는 것이다. 낙타가 제우스에게 말했다.

"황소한테는 뿔이 있습니다. 멧돼지한테는 주둥이가 있고요. 사자랑 호랑이는 날카로운 발톱과 이빨이 어디를 가나 두려움의 대상이고 존중받지요. 저는 뿔이 없어 온갖 짐승한테 받는 모욕을 참을 수밖에 없습니다."

화가 난 제우스는 잘 생각해보면 낙타도 낙타만의 특성을 부여받아 이 세상에 태어났다는 사실을 알게 될 거라고 대답했다. 그러면서 건방지다며 낙타에게 뿔을 주지 않았을 뿐 아니라 두 귀마저 짧게 잘라버렸다.

한쪽 눈이 먼 암사슴

The One-Eyed Doe

한쪽 눈을 잃은 암사슴이 바다 근처에서 풀을 뜯어 먹곤 했다. 그 암사슴은 사냥꾼들의 접근에 대비하고 공격을 피하려고 육지 쪽으로 시선을 보내는 한편, 위험 요소가 없는 바다 쪽으로는 보이지 않는 쪽 눈을 돌리고 있었다.

어느 날 뱃사람 몇 명이 배를 타고 그 옆을 지나가고 있었다. 뱃사람들은 이 암사슴을 발견하고 바다 쪽에서 사슴을 겨냥해 총을 쏘았다. 총에 맞은 사슴은 마지막 숨을 거두면서 혼자 탄식하며 말했다.

"나는 얼마나 재수 없는 사슴인가! 공격받을 걸로 생각한 육지 쪽은 안전했는데, 내 몸을 지켜줄 가장 안전한 곳이라고 믿은 바다에서 공격을 받다니."

사슴은 사실 영리했다. 영리하다는 건 사고가 단순하지 않고 정교하다는 뜻이다. 사슴은 사냥꾼이 육지에만 있을 거라고 생각했다. 인간의 몸도 자기처럼 육지 생활에 적합하다고 생각했기 때문이다. 그러나 사슴은 자기 생각을 과신한 나머지 눈으로 주위를 두루 확인하는 절차를 놓쳤다.

사슴의 말처럼 눈이 하나밖에 없어서 그런 재수 없는 일을 당한 건 아니다. 바다로 잠깐이라도 고개를 돌렸다면 다가오는 배를 발견했을 테고, 그 안에 타고 있는 뱃사람을 발견했을 것이다.

위험이 다가올 때 자기 생각에만 빠져 있는 것은 위험천만하다. 때로는 감각과 직관도 중요하다. 무섭더라도 그 위험이 다가올 만한 곳을 응시할 필요가 있다. 위험 중 가장 무서운 건 보지도 못한 위험이 예고 없이 눈앞에 다가올 때다. 우리가 전혀 대처할 수 없는 위험이기 때문이다.

바로 상담 전문가는 이미 위험을 인지하고도 눈을 감고 회피하는 내담자들에게 힘을 북돋아 그런 위험을 직면하도록 돕는 일을 한다. 직면하되 믿을 만한 사람이 옆에서 공감해줄 때 우리는 생각지 못한 용기를 낼 수 있다. 그래서 상담 현장에서 현실을 향한 직면confrontation과 공감empathy은 동전의 앞뒷면과 같다.

사냥하러 간 사자와 당나귀와 여우

The Lion, the Ass, and the Fox Who Went Hunting

어느 날 사자와 당나귀와 여우가 친구가 되어 함께 사냥하러 나섰다. 그들은 무엇을 잡든 공평하게 나누어 갖기로 의견을 모았다. 곧 큼직한 수사슴한 마리를 잡아 푸짐한 식사를 하게 되었다. 사자는 당나귀에게 포획물을 분배하라고 명령했다. 당나귀가 수사슴을 삼등분해 친구들에게 마음대로골라 가지라고 말했다. 그 말을 듣고 사자는 몹시 화가 나서 당나귀에게 덤벼들어 그를 갈기갈기 찢어버리고 말았다.

이번에는 사자가 여우에게 포획물을 분배하라고 말했다. 그러자 여우는사냥감 전부를 긁어모아 큰 더미 하나로 만들고 자기 자신을 위해서는 극히작은 몫만을 남겨놓았다. 그 모습을 지켜본 사자가 여우에게 말했다.

"이 친구야, 누가 이렇게 공평하게 분배하는 법을 가르쳐주었지?"

그러자 여우가 대답했다.

"저 당나귀의 운명 말고는 다른 교훈은 필요 없었어요."

오래전 도덕성 발달 연구자들은 윤리성을 판단하는 첫째 기준이 공평성과 정의에 근거한 판단이라고 이해했다. 과연 그럴까?

기독교 《구약성경》에 등장하는 지혜의 왕, 솔로몬의 판결을 예로 들어보자. 그는 한 갓난아이를 두고 각기 자기가 친모라고 주장하는 두 여인에 대한 판결을 내려야 했다. 그가 처음 내린 결정은 공평한 배분이었다. 아이를 둘로 잘라 나눠 가지라는 잔인한 판결이었다.

하지만 현재 대부분의 도덕성 발달 연구자들은 '공평'보다 더 중요한 가치를 발견했다. 바로 '관계'와 '감정'이다. 솔로몬이 의도한 판결의 배후에도 바로 이런 가치가 숨어 있다. 진짜 생모와 아기의 관계라면, 이런 공평한(?) 결정에 감정이 무너질 게 분명했다. 결국 자신은 생모가 아니라고 물러서는 여인을 진짜 엄마로 분별할 수 있는 수준 높은 판결이 가능했다.

지혜로운 여우는 사자가 말한 '공평'이 무엇인지를 간파했다. 그리고 문자 그대로 사냥감을 '공평'하게 나누기보다는 사자의 감정에 맞게 몫을 나눴다. 결국 사자와의 관계를 더욱 중요하게 여긴 결정이었다.

때때로 위급할 때 가장 현명한 대처는 상대의 감정과 관계를 충분히 고려해 행동하는 것이다.

맹인과 새끼 늑대

The Blind Man and the Whelp

한 맹인은 손으로만 만져보고도 어떤 짐승이든지 알아맞힐 수 있었다. 한번은 몇몇 친구가 그를 시험해보고 싶어 새끼 늑대 한 마리를 가지고 왔다. 그런데 새끼 늑대의 몸 전체를 한참 만져본 뒤에도 그는 어떤 짐승인지 자신 있게 알아맞힐 수가 없었다. 마침내 그가 새끼 늑대에게 말했다.

"네 아비가 개인지 늑대인지는 확실히 모르겠다만, 한 가지만은 확실히 말할 수 있어. 난 네게 양 떼를 맡기지는 않을 거야."

헤라클레스*와 마부

Hercules and the Wagoner

한 시골 농부가 진창길을 따라 짐마차를 몰고 가다가 수레가 진흙 속에 너무 깊이 박히는 바람에 말이 꼼짝달싹 못 하게 되었다. 그러자 그 농부는 수레를 움직이려는 아무런 노력도 하지 않은 채 무릎을 꿇고 헤라클레스에게 와서 도와달라고 부탁했다. 그러나 헤라클레스는 농부에게 어깨를 수레에다 갖다 대라고 말했다. 그러면서 하늘은 스스로 도우려고 노력하는 사람을 도와줄 뿐이라는 사실을 일깨워주었다.

---

*   그리스 신화에 나오는 영웅으로 제우스의 아들이다.

요즘 많은 육아서와 교육 콘텐츠가 차고 넘친다. 그래서 많은 부모는 아이가 뭔가 잘했을 때, 적절한 칭찬을 하는 게 아이에게 도움이 된다는 걸 너무나 잘 안다.

그러나 그보다 더 중요한 게 있다. 아이가 넘어졌을 때 하는 대처다. 아이가 넘어졌을 때 아이에 대한 사랑이 과한 나머지 일으켜주고 바로 해결해주려는 부모들이 종종 있다. 이러한 태도는 향후 아이를 의존적인 성향으로 만들 수 있다. 그런 아이는 부모가 없는 상황을 잘 견디지 못한다.

과연 부모가 평생 자기 자녀에게 헤라클레스로 살 수 있을까? 더욱이 부모가 아이 삶의 모든 역경을 일거에 해결해줄 수는 없다. 특히 우화에서처럼 아무것도 하지 않는 자녀를 매번 돕는 일은 지양해야 할 일이다. 헤라클레스는 그저 신화 속에 나오는 인물일 뿐이다.

결국은 스스로 일어나야 한다. 아이가 넘어졌을 때 부모는 괜찮다고 수용하고 손을 잡아줄 수는 있다. 그러나 아이에게 힘을 빼도록 하고 그의 손을 잡아당기는 게 아니다. 그저 지탱하도록 잡아줄 뿐이다. 일어나는 것은 아이 스스로 할 수 있도록 부모는 차분하게 기다려줘야 한다.

비둘기와 까마귀

The Dove and the Crow

새장 속에 늘 갇혀 지내는 비둘기 한 마리가 자식을 많이 둔 것을 자랑스럽게 생각하고 있었다. 까마귀가 지나가다가 이 모습을 지켜보고 비둘기에게 말했다.

"이보게 친구, 그만 자랑하게나! 새끼가 많아지면 많아질수록 걱정거리와 신세를 한탄해야 할 일이 그만큼 많아진다는 뜻이니까."

눈먼 노파와 의사

The Old Woman and the Physician

눈이 먼 한 노파가 의사를 불러 여러 증인이 보는 앞에서 만약 그 의사가 자신의 시력을 되찾게 해주면 아주 후하게 보상해주겠다고 약속했다. 그러나 만약 그 의사가 자신의 병을 고치지 못하면 아무것도 줄 수 없다고 했다. 이 조건을 받아들이자마자 곧 의사는 이따금 노파의 집을 찾아가 노파의 눈을 치료했는데 치료에 큰 진전은 없었다. 그러는 동안 의사는 노파의 집에 있는 물건을 조금씩 훔쳐갔다.

몇 주일이 지난 뒤에야 의사는 마침내 진지하게 치료에 착수해 노파의 눈을 치료하고는 보상을 요구했다. 그러나 노파가 시력을 회복해 보니 자기 집이 도둑맞은 사실을 알았고 의사가 치료비를 달라고 요구할 때마다 구실을 대어 차일피일 돈을 주지 않고 계속 미뤘다. 그래서 의사는 노파가 돈을 지불하지 않는다며 고소했다. 그러자 노파는 자기 입장을 이렇게 변호했다.

"이 사람이 하는 말은 모두 사실입니다. 저는 이 사람이 제 시력을 되찾게 해주면 보상해주겠지만 눈을 치료하지 못하면 아무것도 주지 않겠다고 약속했습니다. 한데 지금 이 사람은 제 눈이 치료됐다고 주장하고 있습니다만 제 생각은 다릅니다. 제가 이 병에 처음 걸렸을 때 저는 제 집 안에서 온갖 종류의 가구와 물건을 볼 수 있었지요. 그런데 이 사람이 제 시력을 되찾아주었다고 주장하고 있는데도 지금 저는 제 가구나 물건들의 작은 흔적조차 찾아볼 수가 없습니다."

농부와 아들들

나이가 들어 곧 죽음을 앞둔 농부가 있었다. 그는 자신이 죽은 뒤 자기 아들들이 유산을 놓고 서로 다투지 않고 농장을 잘 관리하도록 당부하고 싶었다. 그래서 아들들을 모두 불러놓고 말했다.

"아들들아, 난 이제 곧 이 세상을 하직하게 된단다. 내가 너희에게 남기는 모든 재산은 포도밭에서 발견할 수 있을 게다."

아버지가 세상을 떠나고 얼마 뒤 아들들은 아버지가 땅속에 보물을 감춰뒀다고 생각하고 삽과 괭이로 땅을 파헤치기 시작했다. 땅을 파헤치고 또 파헤쳤지만 아무것도 찾아내지 못했다. 그러나 그렇게 밭갈이를 잘한 덕분에 튼튼하고 강하게 자란 포도나무에서 전보다도 탐스러운 포도송이들이 주렁주렁 열렸다. 젊은 농부들은 자기들이 고생한 것보다 더 많은 것을 받게 되었다.

179

혹자는 이 우화를 읽고 나서 농부가 있지도 않은 재산 이야기로 자식들을 속였다고 이해할 수도 있다. 하지만 부모가 죽어가는 마당에 자식에게 사기를 칠 이유는 만무하다. 농부가 유언으로 말한 재산은 한 번 찾고 끝나는 보석이 아니라 해마다 열리는 포도송이다.

매년 풍성한 포도를 얻으려면 필수 조건이 있는데, 그 비법은 아들들의 내면에서 만들어져야 한다. 그저 처음에는 보물을 찾기 위해 달려들었겠지만, 아들들의 온몸에는 자연스레 근력이 생기기 시작했을 것이다. 또한 자연스레 내면 깊은 곳에 근면한 습관도 길러졌을 것이다. 농부가 유언으로 약속한 재산, 즉 풍성한 포도 수확의 선물은 아들들이 몸과 마음의 체력과 근면함을 갖추었을 때 얻을 수 있다.

콩을 심으면 콩이 나고 포도씨를 심으면 포도가 열린다. 하지만 이런 수확을 얻기 위해서는 매해 지치지 않는 꾸준한 체력과 근면함이 절대적으로 필요하다.

아들들에게 길러진 내면의 자원은 일확천금은 아니더라도 삶을 살아가는 데 필요한 보물을 지속해서 얻도록 해준다. 결국 아버지는 최고의 유언을 남겼다. 우리 시대에도 바로 이런 아버지가 필요하다.

늑대들과 양 떼

어느 날 늑대들이 양들과 앞으로 평화 협정을 맺자고 양들에게 사자 使者를 보냈다. 사자들이 양들에게 말했다.

"왜 우리가 이렇게 계속 피를 튀기며 다퉈야 하느냐 말이야? 모두 양치기 개들 때문이야. 우릴 보고 끊임없이 짖어대면서 약을 올린단 말이지. 개들을 쫓아내면 더는 우리 우정과 평화를 방해할 게 없을 거야."

이 말에 속아 넘어간 어수룩한 양들은 양치기 개들을 모두 쫓아버렸다. 그 결과 양 떼에게 가장 좋은 보호자였던 개들이 사라졌고, 양 떼들은 쉽게 엉큼한 늑대들의 먹이가 되어버렸다.

양치기 개들이 시끄럽게 짖은 건 양을 지키기 위해서였다. 그리고 늑대들이 양에게 다가오지 못한 이유도 바로 이런 보호막 때문이었다. 그러므로 개는 양을 지키는 강력한 보호자였다.

우리 내면에도 우리를 향해 시끄럽게 외치는 양치기 개와 같은 소리가 있다. "너는 사랑받기 힘들어!" "너는 결코 최고가 될 수 없어!" "너는 그냥 평범해!" 이런 내면의 목소리는 우리를 점점 주눅 들게 한다. 당연히 우리는 이런 비난의 목소리를 버려야 할 왜곡된 생각이라고 여긴다.

가끔은 이런 생각만 없으면 좀 더 편안해질 것 같은 느낌마저 든다. 하지만 이런 생각은 사실 양치기 개들과 같이 중요한 우리 내면의 보호자다. 우리 내면에도 양들과 같이 아주 유약한 상처가 숨어 있다. "너는 사랑받기 힘들어"라고 외치는 내면의 보호자는 우리가 또다시 그런 상처에 휘말리지 않도록 철통 방어 중이다.

역량 있는 상담 전문가는 내담자가 자기 내면 보호자를 무조건 끊어내도록 하지 않는다. 대신 꼭꼭 숨겨놓으려는 과거의 상처를 내담자가 조심스레 꺼낼 수 있도록 돕는다. 상처는 덮어놓지 말고 꺼내어 잘 보살펴야 하기 때문이다.

새끼 게와 엄마 게

엄마 게가 새끼 게에게 말했다.

"애야, 어쩌자고 그렇게 옆으로만 걷니? 앞으로 똑바로 걸어봐!"

그러자 새끼 게가 엄마 게에게 대답했다.

"엄마, 그럼 엄마가 가르쳐주세요. 엄마가 앞으로 똑바로 걸어가는 걸 보고 나도 그렇게 걸을게요."

어떤 부모는 아이가 집에 돌아오기만 하면 저녁 내내 스마트폰에 빠져 있다고 불평했다. 아무리 화를 내도 그때뿐이라면서. 그래서 나는 아이가 어떤 걸 하기를 바라는지 물어보았다. 부모는 아이가 책을 많이 읽어서 풍요로운 소양을 가졌으면 좋겠다고 했다. 그럴 때 상담사는 되묻곤 한다. "아버님과 어머님은 저녁에 보통 어떤 활동을 하시나요?"

심리학 개념 중 '관찰 학습'이라는 것이 있다. 아이는 부모를 관찰하고 자신도 모르게 부모의 행동을 따라 한다. 아이는 부모라는 거울에 자신을 비춰 보기 마련이다.

가족 상담 전문가들은 이런 가족에게 '디지털 단식'을 주문한다. 디지털 단식의 방법은 간단하다. 주말에 단 몇 시간만이라도 엄마와 아빠까지 가족 전체가 모든 디지털 활동을 중단한다. 대신 산책을 하며 자연과 더불어 시간을 보내도 좋고, 배드민턴과 같은 간단한 운동을 같이해도 좋다.

디지털 사용을 모두가 잠시 중단하고 부모와 자녀가 함께 상호 작용하면서 즐거움을 경험하는 시간이 늘어나면, 아이도 자연스럽게 스마트폰이나 컴퓨터에 몰입하는 시간을 점차 줄여가게 된다.

새끼 두더지와 엄마 두더지

The Mole and Her Mother

새끼 두더지가 엄마 두더지에게 말했다.

"엄마, 저는 눈으로 뭐든 볼 수 있어요."

어두운 땅속에서 생활하기에 눈이 보일 리 없는데 눈이 보인다고 말하는 자식을 시험해보려고 엄마 두더지는 유향 덩어리 하나를 새끼 두더지 앞에 가져다 놓고 그게 무엇인지 맞춰보라고 했다. 그러자 새끼 두더지가 대답했다.

"돌멩이지 뭐예요."

"어머나, 얘야! 넌 볼 수도 없을뿐더러 냄새도 맡지 못하는구나!"

막대기 다발

한 농부가 있었는데 그 자식들은 늘 서로 싸우기만 했다. 그래서 농부가 말로 잘 타일러 그들을 어떻게든 사이좋게 지내도록 하려고 부단히 애썼지만 헛수고였다. 마침내 좋은 본보기를 보여주면 아들들을 설득할 수 있을지도 모른다고 생각했다.

농부는 아들들을 불러 막대기 한 다발을 자기 앞에 갖다 놓도록 했다. 그리고 막대기를 한 다발로 꽁꽁 묶고 나서, 아들들에게 차례차례 그 다발을 집어 꺾어보라고 말했다. 아들들이 차례로 시도해봤지만 모두 헛수고였다. 그러자 아버지는 그 다발을 풀어 아들들에게 막대기를 하나씩 나눠주며 꺾어보게 했다. 그랬더니 이번에는 아들들이 매우 간단하게 막대기를 꺾었다. 그러자 아버지가 아들들에게 말했다.

"아들들아, 너희도 마찬가지란다. 너희가 하나로 묶여 있는 동안에는 어떠한 적과도 맞설 수가 있지. 하지만 너희끼리 서로 흩어지면 이 막대처럼 쉽게 꺾이고 만단다."

살다 보면 단번에 우리 의지를 꺾어버리는 거센 풍파를 만날 때가 있다. 미약한 개개인은 이 거센 폭풍 앞에서 어찌할 바를 모른다. 그러나 우리는 혼자가 아니다. 지질학자들은 현생 인류인 호모 사피엔스가 네안데르탈인과 달리 멸종하지 않고 생존할 수 있었던 이유가 상호 교류에 훨씬 능했기 때문이라고 하지 않는가.

사회생물학자들은 지구가 대멸종을 맞이하더라도 끝까지 살아남을 수 있는 종을 두 가지로 예측했다. 개미와 인류다. 이유가 뭘까? 바로 군집 생활을 하는 사회적 동물이기 때문이다.

인간은 사자와 같은 날카로운 발톱과 이빨이 없다. 그러나 인간에게는 자신보다 사나운 동물을 다스릴 비법이 있다. 인간은 다른 사람과 연대하며 강해진다. 제아무리 사자가 강하더라도 100명의 사람을 당할 수는 없는 법이다. 10마리의 사자가 찾아온다고 하더라도 1,000명의 사람을 이길 수는 없다.

이것이 위험이 닥칠 때 반드시 같은 뜻을 품은 사람들과 함께해야 하는 이유다. 사랑하는 이와 함께라면 가장 큰 시련과 풍파도 이겨낼 수 있다. 서로가 한뜻으로 손을 부여잡는다면 그 어떤 것도 우리를 꺾을 수 없다.

말과 수사슴

The Horse and the Stag

옛날에 목장 전체를 혼자서 차지한 말이 있었다. 그런데 어느 날 수사슴 한 마리가 와서 목장을 망쳐놓았다. 말은 수사슴에게 복수하려고 한 사람에게 수사슴을 벌하려는데 도와줄 수 있느냐고 물었다. 그러자 그 사람이 말에게 대답했다.

"좋아. 하지만 네 입에 재갈을 물리고 나를 네 등에 태워줘야 해. 그리고 난 뒤에야 나는 수사슴을 벌할 무기를 찾을 거야."

말이 그 사람의 제안에 동의했고, 그 사람은 말 위에 올라탔다. 그러나 바로 그때부터 말은 수사슴에게 복수는커녕 인간의 지시만을 따라야 하는 노예가 되어버렸다.

한순간의 분노로 인생 전체가 망가지는 경우가 있다. 어떤 사람은 그 순간의 화를 주체하지 못해 평생을 감옥에서 보낸다. 당신이 분노로 어찌할 바를 모를 때조차도 명심해야 하는 게 있다. 그런 감정을 느끼는 것과 추후 행동으로 이어가는 것에는 차이가 있다는 사실이다.

분노를 느낄 수는 있다. 억울하고 화가 나면서 배신감을 느낄 수도 있다. 충분히 타당한 감정이다. 그러나 분노의 감정은 타당할 수 있어도 분노에 따른 후속 행동은 대부분 타당하지 않다. 분노에 휩쓸린 행동은 이후 깊은 후회를 낳는다.

분노가 당신의 등을 타게 되는 순간, 분노는 당신을 평생 노예로 부려먹을 것이다. 좋은 터전을 잃고 사람도 잃고 심지어는 법의 제약을 받을 것이다.

그러므로 분노의 감정에 휩싸일 때 즉시 행동하는 건 금물이다. 그때는 오히려 자신에게 속으로 "멈춰!"라고 말하고 가만히 날숨을 크게 내쉬어보자. 자율신경계의 부교감신경 덕에 혈압도 떨어지고 마음도 차분히 가라앉을 것이다. 화가 나는 상황이 지속되면 최대한 빨리 그 현장을 벗어나는 방법도 좋다. 그리고 가장 이성적인 대처가 무엇인지를 숙고하는 게 상책이다.

도둑과 어머니

The Thief and His Mother

한 학생이 한 친구의 교과서를 훔쳐 집으로 가지고 왔다. 그런데 아이의 어머니는 아이를 야단치는 대신 칭찬하며 자랑스럽게 생각했다. 시간이 흐르고 아이는 커서 어른이 되었다. 그는 점점 값나가는 물건을 훔치기 시작했고, 결국 도둑질을 하다가 붙잡혔다. 곧 그는 재판을 받고 사형 선고를 받았다. 처형 장소로 끌려가면서 그는 길가 군중 가운데에서 어머니가 서 있는 모습을 보았다. 어머니는 가슴을 치며 울부짖고 있었고, 사형수는 형리들에게 어머니의 귀에 대고 몇 마디만 하게 해달라고 애원했다.

어머니가 즉시 가까이 다가와 아들의 입술에 귀를 대자 아들은 이로 어머니의 귓불을 세게 물어뜯었다. 어머니가 곧 소리를 질렀고, 이 모습을 지켜본 군중은 어머니와 함께 이 불효자식을 꾸짖었다. 그는 지금까지 저지른 악행도 모자라 한발 더 나아가 이렇게 어머니에게 불효를 저지른 것이다. 그러나 그 도둑은 이렇게 말했다.

"저를 이렇게 망쳐놓은 건 바로 제 어머니라고요! 어렸을 적 친구의 교

과서를 훔쳐왔을 때 단단히 혼내주셨다면 나쁜 짓을 해 이렇게 일찍 죽는 꼴
을 당하지는 않았겠죠."

아이에게는 적절한 관심과 사랑이 필요하다. 아이가 뭔가를 잘했을 때 적절한 칭찬을 해야 한다. 그렇다면 아이가 잘못된 행동을 할 때는 어떻게 해야 할까? 부모에게 거친 소리를 한다거나 동생을 밀치거나 남의 물건에 손을 대는 행동 등을 할 때 말이다.

생업 등으로 아이와 시간을 충분히 보내지 못하는 부모는 저녁 시간에 발견하는 아이의 사소한 문제 행동을 어영부영 넘어가는 경우가 있다. 그런데 이렇게 넘어가다 보면 눈 깜짝할 사이에 아이의 잘못된 행동의 빈도는 증가한다.

그래서 칭찬만큼 중요한 건 아이가 잘못했을 때 부모가 적절히 훈계하는 것이다. 여기서 유의할 점이 있다. 자녀의 행동doing에는 지적과 교정을 할 수 있다. 하지만 자녀의 존재being는 있는 그대로 인정하고 믿어주어야 한다. "남의 물건을 훔치는 행동은 나쁜 행동이야. 그런데 너는 결코 도둑질하는 못된 아이가 아니란다."

부모의 시의적절한 훈계와 존재에 대한 신뢰는 아이에게 줄 수 있는 가장 귀한 선물이다. 아이의 존재 가치를 인정하되, 좋은 행동을 칭찬하고 나쁜 행동을 제어하면 아이는 성숙한 인격체로 성장할 수 있다.

떡갈나무와 갈대

The Oak and the Reed

폭풍우에 뿌리가 뽑힌 떡갈나무 한 그루가 강물에 실려 갈대가 자란 강둑에 닿았다. 떡갈나무는 자기처럼 힘이 센 나무는 뿌리가 뽑혔는데도 갈대처럼 그렇게 연약하고 가냘픈 풀이 폭풍우를 꿋꿋이 견뎌낸 걸 보고 무척이나 놀랐다. 그러자 갈대가 떡갈나무에게 말했다.

"사실 그렇게 놀랄 만한 일은 아니지요. 아저씨는 폭풍우에 맞서 싸우다가 망가졌지만 우리들은 아무리 약한 바람이라도 허리를 굽혔기 때문에 살아남은 거랍니다."

194

살다 보면 예상치 못한 일을 많이 만나게 된다. 그럴 때마다 불평과 불만을 일삼으며 자기 뜻대로 되지 않은 일에 대해 한탄하면서 시간을 낭비하는 건 어리석은 일이다.

가끔 상담실에서 자신의 '멘탈(정신력)이 완전히 무너졌다'고 토로하는 사람들이 있다. 주로 감정 조절이 안 되거나, 충동적인 행동으로 하던 일을 망쳤고, 이젠 수습조차 안 돼 망연자실한 상황에서 하는 표현일 때가 대부분이다.

그런데 정신 건강 전문가들은 이들의 멘탈이 강철처럼 강해야 한다고 보지 않는다. 갈대가 떡갈나무보다 비바람에 강할 수 있었던 것은 재질 때문이 아니다. 바로 '유연성' 덕분이다. 마음도 마찬가지다. 마음에도 심리적 유연성이 있는 이들이 웬만한 폭풍우에도 넘어지지 않는 진짜 강한 정신력의 소유자가 된다.

때로는 상황에 따라 자신의 주장도 양보할 줄 알고, 융통성과 너른 마음으로 상대방의 입장에서는 '그럴 수도 있지'라고 수용하는 관조적인 태도가 도움이 된다. 아예 부러져 멘탈이 무너지는 것보다는 조금 굽히는 게 더 나은 선택이 아닐까. 평소에 이런 갈대와 같은 유연성을 연습하는 것이 우리의 마음 건강에도 매우 유익하다.

여우와 가면

여우 한 마리가 어떤 배우의 집에 몰래 들어갔다. 여우는 이것저것 물건을 뒤지다가 우연히 인간의 얼굴을 그럴듯하게 흉내 내어 만든 가면 하나를 발견했다.

"참으로 멋진 머리로군! 하지만 두뇌가 없는 게 유감이란 말씀이야!"

여우가 가면을 썼다고 해서 사람이 되지는 않는다. 배우가 어떤 실존하는 사람을 뛰어나게 연기했다고 해도 실제 그 사람이 되는 것도 아니다. 겉모습이 그럴듯하다고 해서 속 모습까지 싹 바뀌는 것은 아니다.

요즘 시대에는 보이는 것이 많은 주목을 받는다. 그러나 아무리 훌륭한 패션과 명품으로 치장한다고 해서 우리 스스로가 명품이 되지는 않는다. 실제로 우리를 명품으로 만드는 힘은 가면이 아닌 우리 내면에 있다.

다행히 외관에만 신경 쓰던 한국인들이 내면에 관심을 가지기 시작했다. 어느 때부터인가 '힐링'이란 단어가 방송가는 물론 여행업, 음식에까지 붙는 마케팅 용어처럼 굳어졌다. 최근에는 MBTI와 같은 심리 검사가 유행하더니, 직원들에게 심리 상담 서비스를 제공하는 회사도 급증하고 있다.

너무도 다행스러운 일이다. 하지만 힐링의 주체는 바로 우리 자신이란 사실을 명심해야 한다. 마케팅에 눈이 멀어 특별한 음식을 먹을 때 힐링이 된다고 믿고, 명소에 가서 명품 경치를 볼 때 힐링이 된다고 오해하기 쉽다. 결코 아니다. 우리 내면에 이미 치유와 회복의 자원이 내재되어 있기 때문이다. 우리는 치유하는 인간Homo Sanans이다.

목마른 비둘기

The Thirsty Pigeon

갈증으로 몹시 괴로워하던 비둘기 한 마리가 간판에 그려진 물잔을 보고 그게 진짜라고 믿었다. 그래서 있는 힘을 다해 덤벼들었다가 간판에 부딪혀 날개가 부러졌다. 힘없이 땅에 떨어지자마자 비둘기는 곧바로 지나가던 사람에게 붙잡히고 말았다.

상황이 아무리 절박하더라도 앞뒤 가리지 않고 성급하게 서두르다 보면 늘 후회가 생기기 마련이다. 여유와 생각할 시간이 없으면 꼭 확인해야 할 중요한 것을 놓치기 쉽다.

우주에 다녀온 우주비행사들에게서 생겨난 '조망 효과overview effect'라는 개념이 있다. 지구를 벗어나 우주를 탐험하고 돌아온 이들에게 생기는 큰 심리 변화를 뜻하는데, 한발 물러서서 나무가 아니라 숲을 바라볼 때 느끼는 가치관의 변화를 중요하게 여긴다.

요즘 MZ 세대에 불고 있는 등산 열풍도 높은 산에 올라가서 아래를 내려다볼 때 세상의 걱정과 근심이 조금은 작게 느껴지고, 이전에 느끼지 못한 벅찬 감정과 새로운 관점으로 문제를 바라보는 전망을 얻을 수 있기 때문이 아닐까.

갈증으로 몹시 괴로웠던 비둘기는 오로지 물을 마시고 싶다는 생각밖에는 들지 않았다. 그래서 주변을 살펴서 물잔의 입체감을 확인하지 않고 충동에 이끌렸다가 낭패를 보고 말았다. 우리도 평소에 마음이 급할수록 창공에서 지구를 내려다보듯이, 한발 물러서서 보다 입체적인 전망으로 보는 연습을 한다면 실수를 조금은 줄일 수 있다.

고양이와 생쥐

The Cat and the Mice

고양이가 나이가 들어 쇠약해져서 옛날같이 생쥐들을 추적할 수가 없게 되었다. 그래서 어떻게 하면 손이 닿는 곳으로 쥐를 유인할 수 있을지 새로운 방법을 궁리했다. 마침내 좋은 생각 하나가 떠올랐다. 만약 뒷발로 나무못에 매달려 죽은 시늉을 하면 자루나 적어도 죽은 고양이처럼 보여 생쥐가 자기 곁에 다가오는 걸 더는 두려워하지 않을지도 모른다는 생각이 들었다.

한편 지혜롭고 조심성 많은 나이 든 생쥐 한 마리가 죽은 척하고 있는 고양이를 보고 친구에게 속삭였다.

"지금까지 살면서 많은 자루를 봤지만 고양이 대가리를 한 자루는 한 번도 본 적이 없어."

그러자 그 말을 들은 다른 생쥐가 고양이에게 말했다.

"너 좋을 대로 거기 오래 매달려보라고. 그 속이 지푸라기로 가득 찼다고 해도 네 발이 닿는 곳엔 절대 안 갈 테니까."

201

노련한 경험이 있는 사람은 다가오는 위험에 어떻게 대처해야 하는지를 직감적으로 안다. 겉으로 보기에 죽은 듯 보이는 고양이에게 자칫 속기 쉽다. 그러나 노련한 늙은 생쥐는 평생 한 번도 고양이 머리를 한 자루를 본 적이 없다고 의심부터 했다. 필경 함정이라고 여겼다.

늙은 생쥐의 노련한 촉은 동료들을 위험에서 건져냈다. 이해할 수 없는 현상이 일어났을 때 원숙한 경험이야말로 위험을 읽어내고 문제를 해결하는 힘이 된다. 보통 지혜를 동양 경전을 많이 읽은 사람만의 특별한 능력이라고 여기는 경우가 많다. 지혜는 머리가 좋은 천재에게서 나오는 능력도 아니고, 배워서 깨닫는 지식과도 구별된다.

철학에서 지혜란 오랜 실천에서 비롯된 이성을 의미한다. 경험을 많이 쌓은 사람들이 습득한 덕성이라 할 수 있다. 같은 일을 수십 년 동안 하면서 그 일에서 놀라운 경지에 오른 사람들을 소개하는 〈생활의 달인〉이라는 프로그램이 있다. 달인들은 대부분 학식이 높고 똑똑한 사람이 아니라 오랜 경험으로 지혜를 갖춘 사람이다.

만약 우리에게 아직 그런 오랜 경험이 없다면, 그러한 지혜를 축적한 사람에게 가서 도움을 받는 것도 좋다. 늙은 생쥐의 지혜가 그랬듯이 인생의 선배가 전해주는 생활의 지혜는 삶의 함정에서 우리를 건져낸다.

송아지와 황소

들판을 마구 뛰어다니고 살면서 한 번도 멍에를 써보지 않은 송아지 한 마리가 있었다. 송아지는 쟁기를 메고 밭을 가는 황소에게 그렇게 힘들고 재미없는 일을 하다니 참 안됐다고 조롱했다. 황소는 송아지에게 아무런 대꾸도 하지 않고 묵묵히 일을 계속했다. 얼마 뒤 그 마을에 큰 축제가 벌어졌다. 주인이 일을 하지 않으니 황소도 쉬었다. 그런데 송아지는 희생 제물이 되어 제단으로 끌려가고 있었다. 그러자 황소가 송아지에게 말했다.

"그게 바로 네가 빈둥거리며 논 대가라면, 네가 노는 것보다 내가 하는 일이 더 유익하지. 정말이지 난 도끼로 내 목이 달아나는 것보다는 차라리 목에 멍에를 뒤집어쓰고 있겠어."

황소는 송아지의 죽음을 목도하면서 자신이 가진 현재 삶의 가치를 새롭게 재정립한다. 우리는 매일의 삶에서 죽음에 대해 얼마나 생각하며 살고 있는가? 삶에 과도하게 집착하면서 죽음은 그저 회피하고 있지는 않은가?

사람들 대부분은 삶을 반추할 때 인간관계와 관련한 후회를 가장 많이 한다고 한다. 아직도 용서하지 못한 사람, 깨진 우정, 한때는 사랑했지만 이제는 남처럼 되어버린 가족과 회복하지 못한 관계에 아쉬움이 많이 남는다고들 한다. 웰다잉을 연구하는 호스피스 연구자들은 이러한 인간관계에 대한 후회가 자기 생의 마지막을 어떻게 해석하고 마무리할지와 밀접하게 관련 있다고 말한다.

죽음은 우리 삶과 관계를 반추하게 만드는 힘이 있다. 죽음과 사랑하는 사람과의 관계를 자주 묵상하자. 그러면 현재를 어떻게 살아야 하는지에 대한 답을 얻을 수 있을 것이다.

소년과 개암나무 열매

The Boy and the Hazel Nuts

한 소년이 개암나무와 무화과나무 열매가 가득 들어 있는 병 속에 한 손을 집어넣은 적이 있었다. 소년은 주먹에 쥘 수 있는 만큼 한껏 열매를 쥐었다. 병에서 주먹을 끄집어내려고 하니 병목이 너무 가늘어 끄집어낼 수가 없었다. 열매는 조금도 잃고 싶지 않고 손은 끄집어낼 수가 없자, 소년은 갑자기 울음을 터뜨리며 자신의 불운을 몹시 한탄했다. 그러자 옆에 있던 한 똑똑한 친구가 소년에게 이렇게 조언해주었다.

"이 친구야, 지금은 일단 그 절반만 쥐어봐. 나머지 절반은 나중에 쥐어보고. 그렇게 하면 반드시 성공할 거야."

누구에게나 무엇인가를 끊임없이 먹고 싶고, 사고 싶고, 소유하고 싶고, 더 좋은 것을 누리고 싶은 마음이 있다. 이를 얼마나 드러내느냐 아니냐의 차이만 있을 뿐, 이런 욕구는 자연스러운 일이다. 어쩌면 이런 욕구는 우리가 여기 이렇게 살아 있다는 사실을 확인하는 몸부림일지도 모른다. 살아 있지 않다면 욕망도 사라지기 때문이다.

우화에서처럼 적당한 욕심과 소유로 적절함을 배우는 것이 중요하다. 어렸을 때부터 아이에게 부모가 이를 가르쳐야 한다. 무조건 많이 움켜쥐려고 하는 아이들에게 "조금씩, 조금씩"을 가르쳐야 한다.

특히 대한민국 부모들은 "빨리, 빨리" 하며 아이에게 조급증을 유발하기보다 "조금씩, 조금씩" 하며 아이의 조절력을 키우는 데 힘을 쏟아야 한다. 적절한 욕심은 조절 능력을 지닌 이들에게는 삶의 원동력이다.

꿀벌과 땅벌과 말벌

The Bees, the Drones, and the Wasp

꿀벌 몇 마리가 참나무의 텅 빈 안쪽에 벌집을 지었다. 그러나 땅벌들이 몰려와 집을 짓는 모든 일은 자기들이 했으니 그 집은 자기들이 차지해야 한다고 주장했다. 꿀벌과 땅벌 무리는 이 문제를 법정에서 해결하기로 했다. 양쪽의 벌들을 모두 잘 아는 말벌 재판관이 그들에게 말했다.

"원고와 피고는 모습이나 색깔이 너무나 비슷해서 벌집의 소유권은 정말로 가려내기가 쉽지 않소. 그래서 이 문제를 본 재판관에게 가져온 건 참 잘한 일이오. 본 재판관은 쌍방에게 새로 벌집을 지으라고 제안하는 바요. 봉방蜂房의 모양과 꿀의 맛을 보고 분쟁 중인 재산의 법적 소유권을 결정할 수 있도록 말이오."

꿀벌은 기꺼이 말벌의 제안에 찬성했지만 땅벌은 그 계획을 받아들이려고 하지 않았다. 그러자 말벌이 이렇게 판결했다.

"이제 어느 쪽이 벌집을 지었는지, 또 어느 쪽이 벌집을 지을 수 없는지 분명해졌소. 본 재판관은 꿀벌에게 꿀과 집의 소유권이 있다고 인정하오."

새끼 양과 피리 부는 늑대

The Kid and the Piping Wolf

무리에서 떨어져 나온 새끼 양 한 마리가 늑대한테 쫓기고 있었다. 더는 도망칠 가망이 없다고 생각한 새끼 양은 늑대 쪽으로 돌아서서 말했다.

"전 이제 정말로 아저씨의 희생물이 된 걸 인정할 수밖에 없습니다. 제 삶도 이제 얼마 남지 않았으니 즐겁게 지내게 해주십시오. 저를 위해 아저씨께서 피리로 노래 한 곡을 불어주시면 제가 춤을 추겠습니다."

늑대가 피리를 불고 새끼 양이 춤을 추는 동안 개들이 음악 소리를 듣고 무슨 일인가 보려고 달려왔다. 개들은 늑대를 보자 즉시 뒤쫓았고, 늑대는 걸음아 날 살려라 하고 있는 힘을 다해 도망쳐버렸다.

연못가의 수사슴

The Stag at the Pool

어느 여름날 수사슴 한 마리가 목이 말라 물을 마시러 연못가로 찾아왔다. 서서 물을 마시고 있자니 물에 비친 자기 모습이 보였다. 그래서 수사슴이 이렇게 말했다.

"내 뿔은 얼마나 아름답고 힘이 센가! 그런데 내 다리로 말하자면 얼마나 연약하고 또 얼마나 어울리지 않는가!"

수사슴이 이렇게 자연이 부여한 몸을 바라보고 흠을 잡는 동안, 사냥꾼들이 사냥개를 데리고 다가왔다. 그러자 수사슴이 그렇듯 흠을 잡던 다리가 곧 추적자들이 도달하지 못하는 곳에까지 수사슴을 쏜살같이 달아나게 해주었다. 그런데 정작 그토록 자랑하던 뿔이 무성한 덤불에 걸리는 바람에 수사슴은 더는 도망갈 수가 없게 되었다. 곧 뒤쫓아온 사냥꾼들이 수사슴을 붙잡았다.

우리의 성격적 강점을 찾아주는 VIA Values-In-Action 검사가 있다. 인간에게 있는 성격을 24개의 특성으로 정리하고 그중 가장 강한 상위 특성 5개를 찾아준다. 검사 결과를 살펴보면 가끔 잘 인지하지 못한 성격적 강점이 상위에 오르기도 한다.

수사슴의 뿔은 아름답지만 덤불이 있는 곳에서는 취약하다. 이처럼 모든 상황에 유리하게 작용하는 강점이란 존재하지 않을지 모른다. 강점이 어떤 상황에서는 약점이 된다. 반대로 약점이 어떤 상황에서는 강점이 되기도 한다.

예컨대 늘 한 우물을 못 파고 전공을 3번이나 바꾸다가 7년 만에 대학을 졸업한 한 내담자는 자신의 단점은 한 가지에 집중하지 못하는 거라고 호소했다. 그의 5가지 대표 강점 중 하나는 바로 '호기심'이었다. 세상의 모든 게 다 궁금하고 탐구하려는 열린 태도다. 자신의 단점이 강점인 걸 깨달은 그는 얼마 뒤 친구들과 함께 벤처 기업을 창업했다.

우리도 약점에 기죽기보다는 그 약점으로 얻을 기회를 찬찬히 생각할 수 있어야 한다. 어쩌면 우리가 가지고 있다는 24가지 성격 모두가 우리의 강점이 될 수도 있지 않을까?

고집 센 염소와 염소지기

The Stubborn Goat and the Goatherd

고집 센 염소 한 마리가 염소 떼에서 떨어져 나와 길을 잃고 높은 바위 가장
자리에 서서 풀을 뜯어 먹고 있었다. 염소지기는 그 염소를 염소 떼로 다시
데리고 가려고 무척 애를 썼다. 그러나 아무리 소리를 지르고 휘파람을 불
어도 염소가 끄떡도 않았다. 염소지기는 마침내 자제심을 잃고 돌멩이 하나
를 집어 들어 염소의 뿔 하나를 쳐서 부러뜨렸다. 자기가 저지른 일에 놀란
염소지기는 그 염소에게 주인한테는 절대로 말하지 말아달라고 부탁했다.
그러나 염소는 이렇게 대답했다.

"참으로 어리석군요! 제가 입을 다문다고 해도 뿔을 보면 주인은 바로
알게 될 텐데요."

때로는 객관적 사실이 어떠한 진술보다도 명백하게 진실을 말해준다. 누군가 사실을 부정확하게 언급하거나, 진정성이 없는 말을 할 때 흔히 '말 같지도 않은 소리'라고 말한다. 사람이 말할 때에는 자신이 말하는 내용에 진정성이 담겨야 한다는 암묵적인 원칙이 있기 때문이다.

오늘날처럼 개인의 자유가 존중되는 상대성의 시대에는 검증되지 않은 사적 의견이 그럴듯하게 포장된 채 왜곡돼 퍼져나가기가 쉽다. 그렇기에 옳고 그름을 판단하는 것 역시 개인의 몫이 되어버렸다.

우화 속 염소의 지혜가 염소지기의 어리석음을 넘어선다. 여러 말할 필요가 없다. 행동으로, 객관적 사실로 모든 것은 자연스럽게 드러난다. 진실은 변하지 않기에 외부에서 빛을 비추면 밝게 드러난다.

때때로 억울한 일을 겪는가? 자기 입장을 1시간이고 2시간이고 누군가를 붙잡고 후련하게 말하고 싶은가? 의도적으로 부정확한 진술을 하여 진실을 호도하고 사실을 왜곡하는 이들은 어느 시대에나 존재해왔다. 무력하게 기다리는 일이 지치고 힘들지만, 진실은 어떻게든 반드시 밝혀진다.

굶주린 생쥐와 족제비

The Mouse and the Weasel

굶주려서 몸이 깡마른 조그마한 생쥐 한 마리가 보리 광주리 안에 몰래 숨어 들어갔다. 생쥐는 광주리 안에 든 음식이 몹시 맛있어서 정신없이 음식을 먹어치웠다. 배가 부른 생쥐는 다시 광주리 밖으로 나가고 싶었지만 아무리 애를 써도 구멍이 작아서 뚱뚱해진 몸뚱이가 빠지지 않았다. 생쥐가 구멍 옆에 앉아서 자기 운명을 한탄하고 있을 때, 작은 짐승이 공연히 몸부림만 치는 모습을 재미있게 지켜보던 족제비가 생쥐를 부르며 이렇게 충고했다.

"이 통통하게 살찐 친구야, 내 말을 잘 듣게. 그곳에서 빠져나올 방법은 오직 한 가지밖에는 없네. 광주리 안으로 들어갈 때처럼 몸이 바짝 마르고 배가 고파질 때까지 잠자코 그곳에서 기다리고 있게나."

농부와 개들

날씨가 몹시 추운 어느 겨울에 한 농부가 쌓인 눈 때문에 집 안에 갇혀 있었다. 밖에서 먹을 것을 구해올 수 없게 되자 농부는 자기가 키우던 양을 잡아먹기 시작했다. 추운 날씨가 계속 이어졌고 농부는 양을 다 잡아먹고 난 뒤에는 염소들을 잡아먹기 시작했다. 그러고도 추운 날씨가 도무지 풀릴 기미를 보이지 않자 마침내 농부는 밭을 가는 황소들을 잡아먹었다. 그러자 이 모습을 지켜보던 개들이 자기들끼리 말했다.

"이곳에서 빨리 도망치는 게 좋겠는걸! 주인이 밭일을 해주는 황소한테도 인정사정이 없는데 우리를 그냥 내버려둘 리가 없잖아."

때로는 간접 경험이 큰 자산이 된다. 자신이 직접 뛰어들어 그 일을 몸소 다겪지 않아도 다른 이들의 삶을 통해 충분히 깨달음을 얻을 수 있다.

엄혹한 상황에서 양과 염소, 황소까지 차례대로 희생되었지만 눈치 빠르고 지혜로운 개들은 목숨을 건질 수 있었다. 앞의 사건들을 통해 자신들에게 일어날 일을 미리 그려보고 최악의 상황을 예방할 수 있었다.

대학생들은 가장 흔한 간접 경험으로 인턴 경험을 꼽는다. 인턴 경험이 없으면 취업에 결격 사유가 생겼다고 여기기도 한다. 그러나 막상 인턴을 해본 제자들에게서 인턴 경험이 별 도움이 안 되었다는 말을 자주 듣는다.

그럴 때마다 나는 실패하기 어려운 최상의 간접 경험을 소개한다. 바로 독서다. 직접 경험하지 않고도 타인의 경험을 간접적으로 배우며 삶의 지혜를 얻는 데 독서만 한 것은 없다. 독서를 통해 미리 시행착오를 줄일 수 있고 시간을 아낄 수 있다. 다른 사람들이 경험을 통해 얻은 다양한 깨달음을 자기 것으로 만드는 가장 효과적인 방법이다.

독수리와 까마귀

The Eagle and the Crow

까마귀 한 마리가 근처 절벽에서 갑자기 독수리가 위엄 있게 내려와 양 한 마리를 발톱으로 낚아채 가는 모습을 지켜보았다. 이 모습이 너무나 쉽고도 우아하게 보여 까마귀는 독수리를 흉내 내고 싶었다. 그래서 있는 힘을 다해 살찐 숫양 한 마리를 덮쳐 낚아채 가려고 했다. 그러나 까마귀의 발톱이 그만 곱슬곱슬한 양털에 걸리고 말았다. 양이 도망치려고 몸부림치며 소동을 부리는 바람에 까마귀는 곧 양치기에게 발각되었다. 양치기는 달려와 까마귀를 붙잡고 날개 깃털을 모두 뽑아버렸다. 그날 저녁 양치기가 이 까마귀를 집으로 가져가자 아이들이 물었다.

"아빠, 이게 도대체 어떤 새예요?"

"글쎄다. 너희가 이놈한테 물어본다면 아마 독수리라고 대답하겠지. 하지만 내 말을 믿는다면, 이놈은 불쌍한 까마귀란다."

사회심리학에서 '상향 비교upward comparison'라는 개념이 있다. 자신보다 상황이나 환경이 좋은 사람들을 택해 자신과 비교하는 행위를 뜻한다. 안타깝게도 많은 연구 결과에서 상향 비교를 자주 하는 사람들은 우울과 불안이 높다고 보고한다.

상향 비교의 장면을 떠올려보자. 방금까지 멀쩡해 보이던 자기 삶이, 뛰어나 보이는 누군가와 비교하는 순간 초라해 보이고, 자신의 약점이 더 크게 느껴지며 쥐구멍에 숨고 싶다는 마음까지도 들지 모른다. 심한 상대적 박탈감을 느낄 수밖에 없다.

한편 상향 비교와는 달리 아무리 비교해도 우울해지지 않는 비교도 있다. 바로 '강점 비교'이다. 타인과 자신의 약점뿐 아니라, 강점도 비교하는 것이다. "저 친구는 어학에 강하지만, 지구력은 내가 누구보다도 강하거든."

우리도 누구와 비교하든지 자신만의 고유함이나 다른 사람이 결코 가질수 없는 자신만의 유일한 매력과 견주는 강점 비교를 연습해보자.

늑대와 염소

The Wolf and the Goat

늑대 한 마리가 높은 벼랑 꼭대기에서 풀을 뜯고 있는 염소를 보았다. 그런 높은 벼랑 끝에는 늑대가 갈 수 없었다. 늑대는 염소의 안전을 걱정하는 척하며 염소에게 좀 더 낮은 곳으로 내려오라고 충고했다. 그러자 늑대가 염소에게 말했다.

"그렇게 아찔하게 높은 곳에서는 자칫 발을 헛디딜지도 몰라. 게다가 이 아래쪽에 있는 풀이 훨씬 더 맛있고 많이 있단다."

그러자 염소가 늑대에게 대답했다.

"미안해요, 아저씨 말을 들어줄 수가 없어요. 다른 언덕의 풀이 언제나 더 푸른 건 아니죠. 특히나 아저씨가 나를 잡아먹으려고 할 때는 말이에요."

병든 사자

사자 한 마리가 늙어서 이제 더는 먹이를 찾아 사냥할 수 없었다. 사자가 이제 할 수 있는 일이라고는 숨도 제대로 쉬지 못하고 굴 안에 누워 있는 것뿐이었다. 곧 사자는 자신이 몹시 아프다는 걸 알렸고, 이 소문이 짐승들 사이에 퍼지자 짐승들은 사자의 병을 안타깝게 생각했다. 짐승들은 사자에게 병문안을 왔고 차례로 사자의 덫에 빠졌다.

사자는 병문안 온 짐승을 한 마리씩 잡아먹고는 포동포동하게 살이 올랐다. 뭔가 수상하다고 여긴 여우 한 마리가 사자를 방문해 그의 안부를 물었다. 상당한 거리를 두고 서서 여우는 백수百獸의 왕에게 잘 지내고 있는지 물었다. 그러자 사자가 여우에게 말했다.

"아, 내 사랑하는 친구여, 자넨가? 왜 그렇게 멀찌감치 떨어져 서 있는가? 자, 이리 가까이 다가와 불쌍한 내 귀에 위로의 말을 속삭여주게나. 내가 살날이 그리 많이 남아 있지 않거든."

그러자 여우가 사자에게 대답했다.

"아, 가엾으셔라! 제가 가까이 다가가지 못해도 용서해주세요. 실은 여기 나 있는 발자국을 보니 아주 불안해집니다. 굴속으로 들어간 발자국은 있는데 나온 발자국은 하나도 보이지 않거든요."

슬기롭게 살아가기 위해 우리의 지성을 어떻게 사용해야 할까? 흔히 지혜는 지식과 다르다고 정의한다. 지혜는 지식을 활용하는 생활 습관을 포함한다. 늙고 병든 사자와 여우의 우화를 통해 한번 생각해보자.

여우는 사자의 의도가 무엇인지 사실 처음부터 짐작했지만 입증할 확실한 증거는 없었다. 다만 조심해야겠다는 마음으로 사자를 만났을 때, 자신의 예감이 옳았음을 뒷받침해줄 증거들을 실제로 발견하게 된다.

중요한 의사결정을 할 때 우리의 판단이나 믿음이 옳다는 것을 뒷받침해줄 근거가 있다면 결정은 수월해진다. 우리 주장을 자신 있게 밀어붙일 수도 있다. 그래서 무슨 일에든 신중하게 생각하고 결정하는 이들은 자기 생각을 검증할 증거를 찾곤 한다.

선택의 기로에서 고민하고 있는가? "돌다리도 두드려보고 건너라"라는 옛 속담처럼 잘 아는 일이라도 세심한 주의를 기울여 나쁠 건 없다. 상식이 늘 정답은 아니다. 신중히 행동해 자기 목숨을 지킨 여우를 기억하자. 의심하고, 조심하고, 충분히 검증한 뒤 행동으로 옮겨도 늦지 않다. 삶의 지혜다.

병든 매

The Sick Hawk

오랫동안 중병에 들어 있던 새끼 매가 자기 어미에게 말했다.

"울지 마세요. 대신 저를 위해 이 끔찍한 병과 고통에서 벗어나게 해달라고 신들께 빌어주세요."

그러자 어미 매가 새끼 매에게 말했다.

"애야! 도대체 어떤 신이 너를 불쌍하게 여기겠느냐? 우리가 늘 제단 위에 놓여 있는 제물을 훔치는 바람에 화나지 않은 신이 하나라도 있더냐?"

독수리와 풍뎅이

The Eagle and the Beetle

독수리에 쫓기던 산토끼 한 마리가 풍뎅이 집에 숨어 들어가 풍뎅이에게 도움을 청했다. 풍뎅이는 산토끼에게 동정심을 느끼고 독수리에게 가련한 짐승을 죽이지 말아달라고 애원했다. 제우스의 이름을 걸고 풍뎅이는 독수리에게 자신이 한낱 보잘것없는 곤충에 지나지 않지만 자신의 중재와 집에 찾아온 손님을 환대하는 관습을 존중해달라고 부탁했다. 그러나 독수리는 화가 나서 풍뎅이를 날개로 쳐서 밀어냈다. 그러고는 잔인하게도 큼직한 발톱으로 산토끼를 붙잡아 그 자리에서 잡아먹었다.

독수리가 날아가자 풍뎅이는 독수리가 사는 둥지를 찾아내려고 뒤쫓아갔다. 독수리 둥지를 찾아낸 풍뎅이는 둥지로 몰래 들어가 독수리알을 하나씩 바닥으로 떨어뜨려 깨뜨려버렸다. 누군가가 감히 이런 뻔뻔스러운 짓을 한 것에 한편으로는 슬픔을 느끼고 다른 한편으로는 화가 잔뜩 난 독수리는 좀 더 높은 곳에 새 둥지를 지었다. 그러나 풍뎅이는 그곳까지 올라가 전과 마찬가지로 알을 모두 깨뜨려버렸다.

독수리는 이제 어떻게 해야 좋을지 몰랐다. 그래서 자신의 군주요, 왕인 제우스를 찾아가 제우스의 무릎 위에 세 번째 알을 낳고는 자기 대신에 보호해달라고 부탁했다.

그러자 풍뎅이는 조그맣게 흙덩어리 하나를 뭉쳐 제우스에게 가져가서 그의 무릎 위에 떨어뜨렸다. 제우스는 부서진 흙덩어리를 보자 털어버리려고 그만 독수리알이 있다는 걸 잊은 채 자리에서 벌떡 일어났다. 그 바람에 이번에도 독수리알이 산산조각 나버렸다.

그 후 풍뎅이는 제우스에게 독수리가 자신의 간청을 저버리고 제우스에게도 불경을 저질러 벌하기 위해서 그랬다고 말했다. 독수리가 다시 찾아오자 제우스는 독수리에게 풍뎅이가 부당한 취급을 받았으며 그의 불만도 일리가 있다고 말했다. 그러나 제우스는 독수리가 굴욕을 당하는 걸 원치 않기 때문에 풍뎅이에게 독수리와 평화적으로 문제를 해결하라고 조언했다. 그러나 풍뎅이는 제우스의 중재에 응하지 않았다. 결국 제우스는 풍뎅이가 활동하는 계절에는 독수리가 알을 낳지 못하도록 했다.

1961년 미국의 기상학자 에드워드 로렌츠Edward N. Lorenz가 처음으로 언급한 '나비효과butterfly effect'란 미세한 기상 변화가 예상 밖의 큰 결과를 초래할 수 있다는 뜻으로, 나비의 날갯짓 하나가 대륙을 넘어 폭풍을 일으킬 수도 있다는 의미다. 과학 용어로 출발했지만 지금은 일상적으로 쓰는 일반 용어가 되었다.

독수리와 풍뎅이의 우화에서도 우리는 로렌츠의 나비효과를 본다. 독수리가 하찮은 풍뎅이를 밀어낸 일은 결국 자신의 생존과 운명까지 바꿔버리는 결과를 낳았다. 서로가 연결되어 살아가는 세상에서는 힘의 우위보다는, 각자의 역할과 존재를 서로 귀히 여기는 자세가 필요하다.

자신의 존재가 벌레처럼 작고 하찮게 느껴지는가? 때로는 자신이 아무 데도 쓸모없다고 느껴지는가? 그렇지 않다. 이 세상에 필요 없는 존재란 없다. 당신의 고유함은 오로지 당신에게밖에 없기에 누구도 흉내 낼 수 없다. AI가 빠른 속도로 진화하고 있는 무한 복제의 시대에 자기만의 고유함으로 맞서보자.

사자와 세 마리 황소

The Lion and the Three Bulls

너무나 친한 황소 세 마리가 있었다. 그들은 언제나 같은 들판에서 함께 풀
을 뜯어 먹었다. 한편 며칠 동안 사자 한 마리가 황소를 잡아먹었으면 하는
간절한 눈빛으로 그들을 바라보고 있었다. 그러나 사자는 황소들이 언제나
함께 있는 한 자기 계획이 성공할 가능성은 거의 없다는 사실을 잘 알고 있
었다. 그래서 황소를 서로 이간질하려고 나쁜 소문을 퍼뜨렸다. 그 소문으
로 황소들은 자기들끼리 서로 질투하고 불신하게 되었다. 사자는 황소들이
서로를 피하고 외따로 풀을 뜯어 먹고 있는 것을 보자마자 한 마리씩 공격해
모두를 쉽게 먹이로 삼았다.

사자와 황소의 우화는 '흩어지면 죽고 뭉치면 산다'라는 구호를 떠올리게 한다. 그런데 이와 같은 구호는 실제 연구로도 증명되었다는 것을 아는가?

우리는 누구나 가족과 학교, 직장과 지역 사회, 더 크게는 국가라는 공동체에 속해 살아간다. 따라서 우리는 개인적으로 자신의 정체성을 형성할 뿐 아니라 한 사회의 집단 구성원으로서 존재한다. 연구자들은 이러한 '사회적 정체성social identity'을 집단 공동의 목표를 달성하기 위해 구성원들의 협력을 도모하는 주요한 변인으로 보고 연구해왔다. 그러나 최근 연구 결과들을 살펴보면 사회적 정체성이 개인의 건강과 행복감에도 가장 큰 영향을 미치는 요인이었다. 이러한 연구가 말해주는 시사점은 결국 '나'는 '우리' 안에서 강해지고 행복해진다는 것이다.

우리에게 이런 공동체가 있는가? 지금이라도 만들어야 한다. 든든한 공동체는 개인을 더욱 건강하고 행복하게 만들기 때문이다.

노파와 하녀들

The Old Woman and Her Maids

구두쇠로 유명한 늙은 과부 한 사람이 하녀 두 사람을 두고 있었다. 그런데 노파는 첫닭이 우는 새벽녘부터 하녀들을 깨워서 일을 시켰다. 하녀들은 일찍 일어나는 게 몹시 싫었고 여주인이 일찍 일어나 자기들을 괴롭히는 게 모두 수탉 때문이라고 생각했다. 그래서 수탉의 모가지를 비틀어버리기로 결심했다. 그런데 하녀들이 수탉을 죽이자마자 노파는 시간 개념이 사라져버렸다. 늦잠을 자지 않을까 걱정이 된 노파는 종종 시간을 착각해 한밤중에도 불쌍한 하녀들을 깨우기 시작했다.

멧돼지와 여우

The Wild Boar and the Fox

멧돼지 한 마리가 나무에 엄니를 갈고 있었다. 그때 지나가던 여우 한 마리가 그 모습을 보고 왜 그러고 있느냐고 멧돼지에게 물었다.

"내가 보기엔 그럴 만한 이유가 없을 것 같은데. 사냥꾼들도 사냥개들도 보이지 않잖아. 사실 지금 아무런 위험도 없어 보이는데."

그러자 멧돼지가 여우에게 대답했다.

"네 말이 맞아. 하지만 위험이 닥치면 내 무기를 날카롭게 갈아둔 덕분에 다른 급한 일들을 할 수가 있겠지."

준비된 자가 기회를 잡는다. 사실 멧돼지가 여우를 만난 그 순간에 멧돼지는 이를 갈 필요가 전혀 없었다. 여우의 말처럼 위험이 될 만한 게 아무것도 없는 상황이었기 때문이다. 그러나 멧돼지는 알고 있었다. 현재 자기 행동이 미래에 어떻게 쓰일지를.

누구에게나 인생에는 수많은 기회가 찾아온다. 하지만 사람들은 대부분 여우처럼 그 기회가 기회라는 것조차 모르는 채 지나가는 경우가 많다. 그 기회를 잡을 준비가 전혀 되어 있지 않기 때문에 기회의 순간이 와도 알아보는 눈이 뜨이지 않아서다.

조용히 자기 일을 하며 준비하는 멧돼지를 보라. 누가 보든 안 보든, 상황이 어떠하든 자신이 할 일에 조용히 집중하고 묵묵히 해야 할 일을 꾸준히 해나간다면 기회가 왔을 때 주저하지 않고 그 기회를 자기 것으로 만들 수 있다. 준비성과 성실성, 여기에 약간의 집중력만 있으면 충분하다.

천문학자

The Astronomer

어느 천문학자*가 별을 관찰하려고 밤마다 늘 집 밖을 돌아다니곤 했다. 그러던 어느 날 밤 한 도시의 교외를 방황하다가 그가 하늘에 그만 정신이 팔려 우물에 빠지고 말았다. 살려달라고 외치는 소리를 듣고 누군가가 우물가로 달려왔다. 천문학자의 이야기를 듣고 나서 그는 이렇게 말했다.

"선생님, 하늘의 신비를 탐색하려고 애쓰시는 동안, 선생님께선 발밑에 있는 흔한 물건조차 보지 못하셨군요."

---

*   이 천문학자는 기원전 6세기에 고대 그리스에 살았던 밀레투스학파의 창시자 탈레스라고 전해진다.

232

생태 교육은 인류의 미래뿐 아니라 현재를 바꾸기 위한 교육이다. 특히 바로 지금, 현재 여기에서부터 인간과 자연 사이의 근본적인 관계에 대한 각성과 변화를 추구한다는 점에서 바로 현재를 위한 교육이다.

그래서 바로 지금부터 불편함을 감수해야 한다. 우리 부모들은 어린 시절 쓰레기를 모두 한곳에 모아 태워버리던 시절을 살았다. 요즘 분리수거 제도에 익숙한 아이들은 상상도 못 할 일이다. 미래를 내다보는 현재를 살지 못했던 부모 세대의 책임이 크다. 지금이라도 자녀 세대는 미래를 내다보면서 일상에서부터 작은 실천을 할 수 있도록 균형감을 키우는 일이 중요하다. 당연히 부모가 먼저 실천하는 모범을 보여야 한다.

천문학자처럼 별만 보다가 눈앞의 우물은 보지 못하는 우를 범하지 않으려면 현재와 미래 모두를 고려한 균형 잡힌 시각을 우리의 삶 전반에 적용하며 살아야 한다. 우리의 삶도 소중하고, 후대의 삶도 소중하다.

3

나도 나를 모르고
당신은 더 몰라서

늑대와 두루미

The Wolf and the Crane

늑대 한 마리가 먹이를 너무 게걸스럽게 먹다가 그만 뼈 하나가 목에 걸리고 말았다. 늑대는 몹시 괴로워하며 숲속을 이리저리 뛰어다니면서 만나는 동물마다 닥치는 대로 가시를 빼달라고 애원했다. 그리고 목에 걸린 가시를 빼주는 동물에게는 후하게 사례하겠다고 말했다. 두루미 한 마리가 늑대의 간청에 마음이 움직이고 또 대가가 탐나기도 해 위험을 무릅쓰고 그 기다란 모가지를 늑대 목구멍 속에다 집어넣고 가시를 빼내주었다. 그리고 나서 두루미는 늑대에게 조심스럽게 약속한 대로 사례하라고 요구했다. 그러자 늑대는 이빨을 드러내고 능글맞게 웃으면서 마치 화가 난 듯 이렇게 대답했다.

"이런 배은망덕한 놈을 봤나! 네 목숨을 살려줬는데도 감히 보상을 요구한단 말이냐? 넌 늑대의 입안에 머리를 집어넣고도 무사히 그 머리를 도로 빼낸 운 좋은 몇 놈 중 한 놈이란 말이다."

236

세상에는 세 종류의 사람이 있다. 좋은 사람, 무심한 사람, 배은망덕한 사람이다. 먼저 좋은 사람은 부모와 친밀한 애착을 가진 사람일 수 있다. 도움을 받으면 고맙다고 하고 실수했을 때는 미안하다고 말한다. 이런 사람과는 함께 깊은 관계를 맺을 수 있다. 조금 서운한 일이 생겨도 금방 화해할 수 있기 때문이다.

무심한 사람은 도움을 줘도 뭐가 고마운지, 실수해도 뭘 잘못했는지 잘 모른다. 애초 부모와 애착 관계가 무딘 사람일 수 있다. 그래도 시간이 지나면서 서로를 알아가다 보면 상대방의 의도와 욕구를 조금씩 알아채기 시작한다. 용기를 내어 서로의 속마음을 깊게 표현하다 보면 좋은 관계로도 발전할 수 있다.

그러나 배은망덕한 사람은 타인의 도움에 조금도 감사할 줄 모르고, 오히려 타인을 이용하고 착취하는 데는 매우 능하다. 상담 전문가의 관점에서는 자신의 과거 상처를 과도하게 방어하는 경우일 때가 많다. 이런 사람은 타인에게 응당 보답해야 하는 일에도 의문을 품는다. 그런 사람을 만나면 보답을 기대하지 말고 행동하는 게 좋다. 자신의 상처를 보호하기 위해 오히려 다가온 당신에게 의도치 않은 피해를 줄 수도 있다. 늑대 같은 사람의 이런 습성을 안다면 다가가기보다는 자리를 속히 피하는 게 낫다.

새끼 양과 늑대

The Kid and the Wolf

새끼 양 한 마리가 바위 꼭대기에 안전하게 서서, 바위 아래쪽으로 늑대가 지나가는 걸 바라보며 조롱하고 욕을 퍼부어댔다. 그러자 늑대는 걸음을 멈추고 새끼 양에게 이렇게 대꾸했다.

"비겁한 겁쟁이 같은 놈! 네가 날 괴롭힐 수 있다고 생각하지 마. 나를 조롱하고 있는 건 네가 아니라, 네가 서 있는 높은 바위일 뿐이야!"

안전한 곳에 몸을 피해 남을 놀리고 욕하기는 쉽다. 때로는 뒷담화로 누군가를 비방하면서 자신의 충족되지 못한 욕구를 채우려 들 때도 많다.

두 사람이 모이면 늘 제삼자를 헐뜯고 비난하면서 서로의 연대감을 확인하는 경우가 종종 있지 않은가. 그 자리에 없으니 얼마든지 없는 이야기도 지어내면서 욕할 수 있다. 새끼 양이 높은 바위에서 늑대를 조롱하듯이 말이다.

하지만 더욱 중요한 것은 그런 상대방(외부)을 향한 감정 에너지 하나만 존재하지 않는다는 점이다. 감정은 항시 외부와 내부, 두 방향으로 동시에 작용한다. 내면을 가만히 들여다보면 자신(내부)을 향한 감정 에너지가 더욱 강하다. 자기 존재의 가치를 낮게 여기는 사람일수록 자신의 부끄러움을 감추고 약점을 방어하기 위해 다른 사람들을 향해 되려 윽박지르고 무시하기 쉽다는 말이다.

때로 우리는 직장에서 무턱대고 갑질하는 상급자에게 상처받고 스스로 자기 비하의 나락에 빠지곤 한다. 반드시 기억해야 한다. 우리에게 갑질한 그 사람은 겉으로는 늑대처럼 보이지만, 자기 지위(높은 바위)를 빌미로 조롱하는 새끼 양에 불과하다는 사실을.

240

말과 마부

정직하지 않은 마부 한 사람이 말이 먹을 귀리와 곡식을 종종 훔쳐 시장에 내다 팔곤 했다. 그러나 마부는 몇 시간씩이나 열심히 말을 손질하고 돌봐서 말이 말끔하게 보이도록 했다. 외모만 가꿔주고 정작 먹이는 충분히 주지 않는 마부에게 몹시 화가 난 말은 이렇게 말했다.

"저를 정말로 말끔하게 보이게 하고 싶다면, 지금보다 손질은 적게 하고 대신 먹이를 더 많이 주시죠."

요즘 SNS 등에서 사람들의 프로필을 살펴보면, 자기애가 넘치는 사진들이 참 많다. 화려한 해외여행, 맛있는 음식, 멋진 가방과 승용차 등. 이젠 프로필 보정 필터 사용은 기본이다.

실제 나보다 훨씬 더 중요한 건 바로 남이 보는 내 모습, 화면 속의 이미지다. SNS는 본시 누군가와 연결하고 싶은 욕구에서 출발했는데, 어느새 과시와 허영의 장으로 바뀌었다.

누군가에게 좋은 모습으로 보이기를 바라는 건 나쁜 일이 아니다. 그러나 이런 모습만 추구하다 보면 우리 자신부터 진정한 나 자신의 모습을 잃게 된다. 화려한 무대 위의 모습만 있고, 정작 무대 뒤의 모습은 자취를 감춘다. 그러나 무대는 잠깐이고 무대 뒤의 시간이 진짜 삶이다. 스마트폰을 끄고 무대 뒤의 내 모습이 드러나면 외로움과 고립감이 몰려온다.

진정한 나를 가꾸는 데 필요한 건 외연이 아니라 내면이다. 내면이 건강하고 풍요로울 때 비로소 외연도 영롱한 빛을 띤다. 나는 있는 모습 그대로의 자신에게 얼마만큼의 점수를 주고 있는가, 나는 나의 내면을 진정으로 잘 돌보고 있는가?

산고産苦를 겪는 산

The Mountain in Labor

옛날 어느 산속에서 우르릉우르릉 울리는 아주 큰 소리가 들렸다. 사람들 말로는 산이 무언가를 분만하려고 산고를 겪는 거라는 소문이 돌았다. 산이 도대체 무엇을 낳으려고 그러는지 보려고 여기저기서 수많은 사람이 모여 들었다. 자못 기대에 찬 사람들이 오랫동안 기다린 뒤에 툭 하고 튀어나온 건 다름 아닌 생쥐 한 마리였다.

시작은 미약하지만 훌륭한 결과를 보여주는 사람이 있다. 또 어떤 사람은 시작은 요란하지만 정작 결과는 빈약할 수가 있다. 가끔 우리는 지나치게 자신을 과대 포장하는 사람들을 만난다. 이들을 '자뻑증'에 빠졌다고 흉보기도 한다. 이들은 마치 자신이 손가락을 움직이면 화산이 폭발하고, 자신이 세상을 구할 거라고 믿는다. 상담 전문가는 이런 사람들 마음속 깊은 곳에 영웅이 있다고 보지 않는다. 실은 그 안에 초라한 생쥐 한 마리가 숨어 있기 때문이다.

누군가가 화려한 언변과 과도한 자기 포장으로 여러분을 홀리기 시작할 때 명심하고 살펴야 할 게 있다. 혹시 그 안에 작은 생쥐의 초라함을 포장하고 있는 건 아닌지 말이다. 그 사람을 오래 알고 지냈다면 그의 말과 행동의 결과가 불일치할 테니 좀 더 판별하기 쉬울 것이다. 하지만 생쥐가 숨어 있는 걸 눈치채지 못한다면 쉽게 상대방에게 과도한 기대를 품거나 크게 실망할 수도 있다.

큰소리를 친다고 해서 반드시 그에 걸맞은 행동이 나오는 건 아니다. 그러니 충분한 시간을 함께 보내면서 그 안에 생쥐가 도사리고 있지는 않은지 살펴보는 일이 참 중요하다.

허영심 많은 까마귀

허영심과 자만심이 가득한 까마귀 한 마리가 공작새들이 떨어뜨리고 간 깃털을 주워 자기 몸에다 꽂았다. 그러고는 옛날의 친구들을 얕잡아보며 아름다운 공작새들 무리에 끼어들었다. 까마귀가 자신만만하게 자신을 소개하자마자 곧바로 공작새들은 그가 침입자라는 사실을 알아차리고 까마귀가 주워서 꽂은 깃털을 모두 뽑아버렸다. 그리고 나서 공작새들은 까마귀를 주둥이로 마구 쪼아대면서 쫓아냈다.

이렇게 가혹한 벌을 받고 몹시 후회한 까마귀는 다시 옛날 친구들이 있는 데로 돌아와 아무 일도 없었던 듯이 친구들 틈에 끼려고 했다. 그러자 친구들은 이 까마귀가 전에 얼마나 으스댔는지를 기억해내고는 큰 소리로 호통치면서 자기네 무리에서 쫓아냈다. 그리고 그 까마귀한테 얼마 전 냉대받은 친구 하나가 이런 말을 들려주었다.

"자네가 만약 자네 깃털에 만족했더라면 다른 새들한테 홀대받지도 않고, 또 동료들에게 경멸받지도 않았을 텐데."

허영심과 자만심에서 나온 모습은 본래 자기 것이 아니기에 언젠가는 탄로 난다. 까마귀는 공작새가 되고 싶어 다른 공작새의 깃털을 주워 자기 털에 꽂기 시작했다. 그러나 그런다고 까마귀가 공작새가 될 수는 없다.

결국 까마귀는 공작새 무리에서 침입자로 내몰렸다. 게다가 원래 속했던 까마귀 무리에서도 배척당했다. 그동안 다른 까마귀들을 얕잡아봤기 때문이다.

그러나 정작 까마귀가 가장 얕잡아본 것은 다른 까마귀가 아니라 바로 자기 자신이다. 까마귀와 공작새는 서로 우위를 가지고 있지 않고 각자의 고유성이 있다. 그러나 까마귀는 자신이 이미 가지고 있는 걸 도외시하고 타자가 되려는 허상에 빠진 것이다.

우리도 마찬가지다. 자신의 고유성을 스스로 귀하게 여기지 못한다면 이내 까마귀 꼴이 된다. 우리는 주어진 것에 만족하지 않고 보기 좋은 것으로 자신을 치장하려고 한다. 그런 행동을 반복하다 보면 자기가 이미 가지고 있는 소중한 존재의 터전을 잃는다. 그리고 언젠가부터 자신마저도 잃어버린다.

지나친 허영심은 고유성을 잃게 만드는 독과 같다. 자신의 고유성은 자기가 스스로 아끼고 사랑할 때 가장 빛난다.

246

곰과 여우

The Bear and the Fox

곰 한 마리가 자신은 인간의 시체를 손으로 만지거나 때려서 상처 입힌 적이 한 번도 없다고 말했다. 그리고 인간을 무척이나 사랑한다고 떠벌리곤 했다. 그러자 여우가 빙그레 웃으며 곰에게 말했다.

"자네가 인간을 산 채로 잡아먹은 적이 없다면, 난 자네의 인간 사랑을 좀 더 높이 사줄 거야."

양치기 소년과 늑대

The Shepherd Boy and the Wolf

마을에서 그리 멀지 않은 곳에서 양 떼를 지키는 소년이 있었다. 소년은 종종 거짓말로 "늑대가 나타났어요! 늑대가 나타났어요!" 하고 큰 소리를 질러 사람들을 놀라게 하는 장난을 즐겨 했다. 두세 번쯤은 소년의 거짓말이 통했다. 마을 사람들이 소년이 소리를 칠 때마다 소년과 양 떼를 구하러 뛰어나왔다. 그런데 매번 마을 사람들이 얻은 거라고는 비웃음과 허탈함뿐이었다.

그러던 어느 날 마침내 정말로 늑대가 나타났고, 양치기 소년은 진심으로 놀라 고래고래 소리를 질렀다. 그러나 마을 사람들은 이번에도 그가 거짓말을 한다고 생각해 그가 지르는 소리에 조금도 신경을 쓰지 않았다. 결국 양들은 언제든 늑대의 습격을 받는 위험에 놓이고 말았다.

양치기 소년은 왜 계속 거짓말을 했을까? 양치기 소년은 원래 못된 아이였을까? 그도 처음부터 거짓말을 해서 사람들을 속여먹겠다고 계획하지는 않았다. 사람들이 속아 넘어가는 걸 보며 색다른 재미와 즐거움을 느꼈을 뿐이다.

"거짓말이 나쁘다는 걸 알면서도 왜 그랬어?" 이런 질문은 상담학에서는 적절치 않다. 먼저 거짓말 배후의 심리적 보상을 찾아봐야 한다. 그런데 무서운 건 보상을 위해 시작한 거짓말이 어느새 습관이 되고 만다는 것이다.

아동들의 거짓말은 일시적으로 심리적 보상을 주는 듯이 보인다. 어린 자녀가 금방 들통날 거짓말을 자꾸 하는 이유가 있다. 순간을 모면하기 위해서다. 특히 처벌 공포가 크면 클수록 아이는 뻔한 거짓말을 해서라도 지금 닥쳐온 불안을 순간적으로 덜 느끼는 선택을 무의식적으로 하게 된다.

그러나 누구나 계속 속지는 않는다. 거짓말이 반복되면 상대도 언젠가 그 사실을 눈치챈다. 그 무렵부터 신뢰는 바닥으로 떨어진다. 심리적 보상 때문에 거짓말을 반복하는 사람이 누군가와 깊은 관계를 맺을 수 없는 까닭이 바로 여기에 있다. 만약 성인이 되어서도 몸에 밴 습관처럼 거짓말을 지속한다면, 유의해야 한다. 결국 자신을 외톨이로 만들어버리기 때문이다.

수탉과 보석

The Cock and the Jewel

수탉 한 마리가 농가 마당에서 자신과 암탉들이 먹을 모이를 찾다가 우연히 보석을 하나 발견했다. 귀중한 물건이라는 확신이 들었지만 그걸 어떻게 해야 할지 도무지 알 수가 없었다. 그래서 수탉은 이렇게 말했다.

"네 가치를 알아주는 사람한테 너는 아주 소중한 물건일 거야. 하지만 난 이 세상의 모든 귀중한 걸 마다하고 차라리 보리 한 톨을 차지하겠어."

심리 상담 서비스를 처음으로 주창한 미국의 칼 로저스Carl Rogers는 심리 치료 현장에 찾아오는 아동 환자들의 문제가 타고난 정신질환 때문이 아님을 발견했다.

보통 '문제 아동'이라고 불리는 아이들은 공통점이 있었다. 이들은 열악한 양육 환경에서 자라면서 자기 존재 가치를 조건부로 인식했다. 예컨대 공부를 잘하거나 부모에게 순종하면 자신의 가치를 인정받지만, 그렇지 않으면 전혀 인정받지 못하는 식이다.

이런 아이들은 낮은 존재감을 가지고, 이후 학교생활이나 사회생활에서도 높은 조건을 넘지 못해 자기 존재가 수용되지 못하고 배척될 거라 여기며 불안을 안고 살게 된다.

실은 세상에서 보석만 중요하지 않다. 보리알도 모래알도 모두 나름대로 가치가 있다. 상담의 가장 중요한 첫 단계는 이런 조건부적 자기 존재감을 가진 이들에게 '무조건적인 수용unconditional acceptance'을 경험하도록 하는 일이다.

우리 인간은 이 지구라는 별에 유일무이한 얼굴과 지문을 가지고 태어났다. 우리에게 주어진 생명과 삶이라는 선물은 절대로 타인의 기준에 따라 부정하거나 평가할 수 없는 소중한 가치를 지닌다는 점을 꼭 기억해야 한다.

삐걱거리는 수레바퀴

The Creaking Wheels

암소 몇 마리가 울퉁불퉁한 길을 따라 수레를 끌고 있었다. 수레바퀴들이 삐걱거리면서 요란한 소리를 내자 마부가 수레에 소리를 질렀다.

"이 망할 놈! 온갖 일을 하는 짐승도 잠자코 있는데 도대체 왜 네가 소리를 지르냔 말이야!"

사자와 여우

The Lion and the Fox

여우 한 마리가 사자의 하인으로 일하겠다고 찾아왔다. 그래서 양쪽 모두 얼마 동안은 자신들의 본성과 힘에 따라 저마다의 역할을 다했다. 여우는 늘 먹이가 있는 곳을 찾아 가르쳐주었고, 사자는 그 먹이를 잡았다. 그런데 얼마 안 되어 여우는 사자가 늘 가장 큰 몫을 차지하는 데 불만이 생겼다. 자기도 주인 못지않게 훌륭한 짐승이라고 생각한 여우는 먹이를 찾아내는 대신 저 스스로 먹이를 사냥하겠다고 선언했다. 이튿날 여우가 우리 안에 있는 새끼 양을 낚아채려는 순간 사냥꾼과 사냥개들이 나타나 여우는 그들에게 잡히고 말았다.

우화에서 여우는 어리석게도 스스로 사자가 되려고 했다. 분명히 여우는 사자가 아닌데 말이다. 더 많은 몫을 차지하고 싶다는 과한 욕심 때문에 자기 자신을 살피지 않았던 탓이다.

여우는 사자가 양을 잡는 걸 가까이서 관찰했을 테고, 자신도 충분히 할 수 있을 거라고 자기 욕심을 투사했을 것이다. 그러나 여우의 이빨과 발톱은 사자의 것과 비교해 터무니없을 정도로 작고 약하다.

많은 사람이 어떤 일을 하려고 할 때, 그 일의 결과가 얼마나 유망한지를 최우선으로 살펴본다. 그러나 아무리 그 일이 좋아 보여도 자신과 맞지 않는다면 오히려 덫이 되고 말 것이다. 결국 자기 자신을 잘 아는 일이 최우선이다.

상담이 잘 진행되면 항상 내담자가 하는 이야기가 있다. "정말 제가 저 자신을 잘 몰랐네요." 내담자 대부분이 토로하는 고통의 핵심은 자신이 이상적으로 여기는 자기 모습과 현재 자기 모습 사이의 괴리다.

그러므로 어떤 일을 시작할 때, 그 일이 주는 유익만 보면 안 된다. 그 일을 적절히 감당할 수 있을지를 먼저 성찰해봐야 한다. 사자만 할 수 있는 일이 있다. 여우가 그 일을 못 한다고 좌절할 이유는 전혀 없다.

어부와 피리

The Fisherman and His Music

고기 잡는 그물보다 피리를 더 좋아하는 어부가 있었다. 그는 바다에서 물고기를 발견하자 피리를 불기 시작했다. 그러면 고기들이 해안가로 뛰어나와 그물에 들어갈 거라고 생각했다. 그러나 물고기들이 전혀 응하지 않자 어부는 크게 실망했다. 그래서 그는 하던 대로 그물을 바다에 던져 많은 물고기를 유인했다. 그가 물고기를 해안으로 끌어올리자 물고기들이 펄떡거렸다. 그러자 어부가 이렇게 말했다.

"내가 피리를 불 때는 춤을 추지 않더니. 지금 추는 춤은 꼴 보기도 싫구나."

이 이야기를 읽다 보면 이 어부는 두 가지의 이상한 생각을 하고 있다는 걸 알게 된다.

첫째, 자신이 피리 부는 걸 좋아한다고 믿고 물고기도 그걸 좋아하리라 생각한다는 점이다. 심지어 직업이 어부인데 그렇게 생각한다는 게 의아하다.

둘째, 그물로 물고기를 잡았을 때 펄떡거리는 물고기가 음악에 맞춰 춤을 추는 걸로 착각해 화를 내는 점이다. 물고기는 지금 춤을 추는 게 아니라 도망가기 위해 몸부림을 치는 중인데 말이다.

고로 이 어부는 어부가 아닌 피리 연주자가 되어야 했다. 나아가 물고기가 아니라 그 연주에 맞추어 즐거이 춤을 추는 사람을 만나야 했다.

하지만 안타깝게도 이 어부는 자신이 진정 무엇을 원하는지 잘 모르고 사는 사람인 듯하다. 이 어부를 상담실에서 만났다면 어떻게 대화를 진행해야 할까?

상담 전문가는 어부가 참 이상한 사람이라거나 잘못된 행동을 하고 있다고 추궁하지는 않을 것이다. 하지만 어부가 짜증과 화를 내는 그 지점에서 어부에게 이런 질문에 스스로 답해보도록 할 것이다.

"나는 도대체 뭘 원하길래, 이렇게 물고기를 잡고도 화가 나는 걸까?"

257

개미와 베짱이

The Ants and the Grasshopper

서리가 내린 어느 추운 겨울날 개미들이 여름 동안 열심히 저축해놓은 곡식을 끌어내어 햇볕에 말리기 시작했다. 배가 고파 죽을 지경이 다 된 베짱이한 마리가 개미들에게 목숨을 이어갈 수 있도록 곡식 한 입만이라도 얻을 수 없겠느냐고 부탁했다.

그러자 개미들이 게으름뱅이 베짱이에게 물었다.

"지난여름 자네는 무슨 일을 하고 있었소?"

"아, 나도 여름 동안 밤낮으로 노래를 부르느라고 무척 바쁜 시간을 보냈지요."

그러자 개미들은 웃으며 곡식 창고를 꼭꼭 잠가두고는 베짱이에게 말했다.

"여름 내내 노래를 부르며 바쁜 시간을 보냈다면, 당신은 겨우내 춤을 추면서 바쁘게 시간을 보낼 수 있겠네요."

많은 사람이 어떻게 해야 성공할 수 있는지 묻는다. 흔히 능력이 있어야 하고, 행운도 따라주어야 한다고들 말한다. 심리학자들은 어떻게 대답할 수 있을까?

성격심리학이 제시하는 인간의 5가지 성격 특성 중 중요한 성공 원리 중 하나로 제시하는 강력한 성격 특성이 하나 있다. 바로 '성실성conscientiousness'이다. 성실성이란 즉각적인 만족이 아닌 좀 더 큰 목표와 가치를 위해 계획을 세워 인내하고 부단히 노력하는 성격 특성을 의미한다.

베짱이는 즉각적 만족을 추구했지만, 개미는 겨울을 대비했다. 이 차이가 혹독한 겨울이 왔을 때 완전히 다른 결과를 만들어냈다.

성실성은 인간 누구나 가지고 있는 성격 특성 중 하나다. 그렇다면 성격 특성은 그저 타고나는 걸까? 아니다. 자식을 키우는 부모라면, 아이에게 성취할 수 있는 아주 작은 목표를 세우고 계획대로 작은 성취를 이뤄내는 경험을 지속해서 축적하도록 도와주어야 한다. 그리고 작은 성취라도 함께 즐거워해야 한다. 아이는 크면서 지금 할 수 있는 가장 적절한 계획을 세울 줄 알고, 먼 미래를 위해 현재의 작은 성취도 소중히 여기게 될 것이다.

성실성은 성공의 근력이자 미래를 대비하는 가장 큰 역량이다.

노새

The Mule

노새 한 마리가 날마다 곡식을 너무 많이 먹어 살이 통통하게 찌고 방자해졌다. 어느 날 노새가 껑충껑충 뛰고 마구 발길질하며 들판을 돌아다니면서 이렇게 혼잣말로 중얼거렸다.

"우리 엄마는 순종純種 경주마였던 게 틀림없어! 그러니까 나도 엄마 못지않게 훌륭하단 말씀이야!"

그러나 노새는 이렇게 마구 발로 차고 날뛰다가 금방 녹초가 되어버렸다. 그러다가 갑자기 자기 부모가 한낱 평범한 수나귀와 암말에 지나지 않았다는 사실을 기억해냈다.

261

암탉과 고양이

The Hen and the Cat

암탉 한 마리가 병이 나서 집에 누워 있다는 소식을 듣고 고양이 한 마리가 걱정하며 병문안을 갔다. 고양이가 암탉에게 살그머니 다가가 이렇게 말했다.

"이보게 친구, 그래 몸이 좀 어떤가? 내가 뭐 도와줄 건 없고? 필요한 물건은 없나? 내게 말만 하면 자네가 원하는 건 뭐든지 다 구해다 주겠네. 그러니 걱정하지 말고 기운을 차리게."

그러자 암탉이 고양이에게 대답했다.

"고맙네. 내 곁을 떠나주게나. 그러면 확실히 내 병이 곧 나을 걸세."

곤경에 처했을 때 도움을 주는 이가 있다. 그러나 곤경에 처한 시기를 틈타 찾아오는 불청객도 있다. 고양이와 암탉은 포식자와 피식자의 관계다. 그러므로 암탉은 고양이가 왜 자신을 찾아왔는지를 간파하고 있었다. 피식자가 곤경에 처했을 때 가장 이득을 취하는 이가 누구인지를 정확하게 꿰뚫었다. 그러니 고양이는 암탉의 상태를 염탐하러 온 것이다.

위기에 몰려 있을 때는 피할 기회를 엿보는 게 매우 중요하다. 용기 있게 타인에게 도움을 요청하는 것도 필요하다. 그러나 취약한 사람에게 사기를 치고 오히려 그 약점을 파고드는 사람이 있기 마련이다. 다리를 다친 얼룩말에게 사자가 다가온다면 과연 위로하러 왔다고 생각하는 사람이 있겠는가?

따라서 아무리 다급해도 갑작스럽게 도움을 준다는 이가 있다면 그 사람의 숨은 의도를 차분하게 판단할 수 있어야 한다. 그 숨은 의도가 자신을 두렵게 한다면 암탉처럼 용기를 내야 한다. "고맙지만, 제가 스스로 회복할 수 있도록 저를 그냥 이대로 두시면 좋겠습니다."

생쥐와 개구리

The Mouse and the Frog

재수 없는 어느 날 생쥐 한 마리가 개구리와 친구가 되어 함께 여행을 떠났다. 개구리는 생쥐를 무척 좋아하는 척하며 자기가 살고 있는 연못에 가자고 초대했다. 자기 친구에게 위협이 닥치지 않도록 개구리는 생쥐의 앞발을 자기 뒷발에 동여맸다. 그런 모습을 하고 그들은 땅 위를 얼마 동안 걸어갔다.

연못에 도착하자 개구리는 생쥐에게 연못을 가로질러 헤엄을 치자고 했다. 그러면서 자기를 믿고 마음을 굳게 먹으라고 말했다. 연못 한가운데에 이르자마자, 개구리는 갑자기 불쌍한 생쥐를 끌고 연못 바닥으로 가라앉아 잠수했다. 생쥐가 허우적대며 물속에서 큰 소란을 벌이는 바람에 매 한 마리가 그 모습을 보고는 잡아먹으려고 생쥐를 낚아챘다. 개구리는 여전히 생쥐 발에 묶여 있어서 그도 친구와 같은 운명을 맞이했다. 친구를 배반했으니 벌을 받아 마땅했다.

개구리는 왜 생쥐와 발을 동여매고 연못 바닥으로 함께 가라앉을 계획을 세웠을까? 그런 행동의 무의식적인 동기를 분석해보면, 굶주린 늑대보다 개구리는 더욱 사악하다는 점을 알 수 있다. 개구리가 그렇게 한 이유는 그저 단순히 식욕 때문이 아니었기 때문이다.

이렇게 남을 속이고 배반하는 행동을 습관처럼 재미로 하는 이들이 있다. 그들은 특별한 이익이 없어도 타인이 나락에 떨어지는 것을 보고 기뻐한다. 때로는 이런 기쁨을 위해 교묘한 계획을 미리 세우기도 한다. 마치 남을 괴롭히는 것 자체가 삶의 에너지처럼 보인다.

그러나 누군가를 나락에 떨어뜨리려고 하는 시도는 대단히 위험한 행동이다. 왜냐하면 타인이 위험해질 때는 가까이에 있는 자기 자신도 덩달아 위험해질 수 있기 때문이다. 위험은 은밀하게 전이된다.

개구리는 생쥐를 익사시키려고 발을 동여맸다. 그러나 바로 그 행동 때문에 자신도 죽음을 맞이하게 되었다. 자기 꾀에 자기가 넘어간다는 말이 있다. 어떤 이유로라도 상대를 괴롭히는 자는 언젠가 그만큼의 대가를 받는다는 사실을 반드시 기억해야 한다.

사자와 생쥐

The Lion and the Mouse

사자가 굴에서 잠을 자고 있는데 생쥐 한 마리가 실수로 이 거대한 짐승의 콧등을 뛰어넘다가 사자를 깨우고 말았다. 사자는 앞발로 겁에 질린 작은 동물을 움켜쥐고 당장에 그 목숨을 앗으려고 했다. 바로 그때 생쥐는 제발 자비를 베풀어달라고 빌면서 일부러 사자의 기분을 상하게 할 생각은 아니었다고 말했다. 더구나 자기처럼 이런 보잘것없는 먹이 때문에 황송하기 짝이 없는 사자 님의 발을 더럽히지 말아달라고 부탁했다. 사자는 이 작은 포로가 두려워하는 모습에 미소를 띠며 관대하게 놓아주었다.

며칠 후 숲을 어슬렁거리며 먹이를 찾던 사자가 마침 사냥꾼들이 쳐놓은 그물에 걸려들었다. 그물에 얽혀 도망칠 수가 없자, 사자는 온 숲속이 쩌렁쩌렁 울리도록 으르렁거리며 울부짖었다. 생쥐는 얼마 전 자기를 구해준 사자의 소리라는 걸 알아차리고는 곧바로 그곳으로 달려갔다. 생쥐는 아무런 소란도 피우지 않고 사자를 결박한 그물의 매듭을 조금씩 이로 갉아대어 곧 이 고매한 짐승을 풀어주었다. 그리고 생쥐는 사자에게 남에게 친절을 베풀

266

면 그 친절은 헛된 일이 아니라고, 아무리 보잘것없는 짐승이라도 선행을 갚을 만한 힘이 있다고 말했다.

사자는 동물 중 최상위 포식자이지만, 그에 비해 생쥐는 가장 약한 존재다. 그러나 사자는 관대함을 베풀어 생쥐를 살려준다. 사자가 진정으로 관대해 보이는 까닭은 이후 생쥐가 은혜를 입은 자신에게 도움을 줄 거라는 보상을 전혀 기대하지 않고 생쥐를 살려주었기 때문이다.

결국 자신의 목숨을 구하게 한 사자의 그 관대함은 어디서 왔을까? 관대함의 기초는 자존감에서 비롯된다. 우화에서 사자는 가장 힘이 센 맹수로 보일 뿐 아니라, 자신의 존재를 스스로 귀하게 여길 줄 아는 자존감의 지존이다.

우리 사회에는 하급자에게 갑질을 일삼는 리더들이 있다. 이런 리더들은 맹수처럼 보이지만 우화에 등장하는 사자와는 질적으로 다르다. 오히려 내면은 정반대다. 자신을 부끄럽게 여기고 수치심이 큰 리더일수록 하급자의 작은 실수에도 자신의 존재감이 흔들린다. "건방지게 어디다 대고 따지는 거야?" 말대꾸하는 팀원에게 냅다 고함을 내지르는 이치다.

누군가의 호감을 얻을 수 있는 태도는 바로 자신을 존중하는 마음에서 비롯된다. 그런 사람들에게는 늘 상대방을 여유 있게 바라보는 관대함이 생기기 때문이다. 그러면 언젠가는 가장 도움이 절실할 때 관대함의 덕을 본 상대방이 호의를 되갚을 수도 있다.

돌고래와 새우

The Dolphins and the Sprat

돌고래 무리와 고래 무리가 서로 싸움을 벌이고 있었다. 그리고 싸움이 한창 절정에 달할 무렵 작은 새우 한 마리가 돌고래와 고래들 사이에 끼어들어 그들을 떼어놓으려고 애썼다. 그러자 돌고래 중 한 마리가 새우에게 외쳤다.

"우리를 그냥 내버려두라고! 자네의 중재를 받느니 차라리 싸우다가 죽는 편이 더 낫겠네."

여우와 나무꾼

사냥개들한테 쫓기던 여우 한 마리가 나무를 자르고 있던 한 나무꾼을 발견하고 자기를 숨겨달라고 애원했다. 그러자 나무꾼은 손가락으로 자신의 오두막집을 가리켰다. 여우는 그 안에 살그머니 기어들어가 구석에 몸을 숨겼다. 곧 사냥꾼들이 도착해 나무꾼에게 여우를 보았느냐고 물었다.

그러자 나무꾼은 "보지 못했는데요" 하고 대답하면서 손가락으로는 자기 오두막집 한 구석을 가리켰다.

그러나 사냥꾼들은 나무꾼의 손짓을 이해하지 못하고 그의 말을 믿었다. 그래서 그들은 전속력을 다해 계속 가던 길을 갔다. 여우는 사냥꾼들이 사라진 걸 확인하고 오두막집 밖으로 나와 나무꾼에게 아무 말도 없이 그냥 자리를 떴다. 그러자 나무꾼이 여우를 꾸짖으면서 말했다.

"이 배은망덕한 친구야, 너를 살려준 은인한테 이런 식으로 작별을 고하는 거야? 네 목숨을 내가 살려줬잖아. 그런데도 고맙다는 인사 한마디 없이 그냥 떠나는구나."

그러자 여우가 뒤를 돌아보며 나무꾼에게 대답했다.

"참 훌륭하신 은인이셔라! 만약 아저씨가 약속처럼만 행동했더라면 저는 이렇게 작별 인사도 없이 오두막집을 떠나지는 않았을 거예요."

말과 행동이 다른 사람이 있다. 진실하지 않은 사람이다. 겉으로는 너무 보고 싶었다고 하면서도 늘 약속에 늦는 사람이다. 서로 도우며 살자고 크고 작은 부탁을 하면서도 누가 작은 부탁이라도 하면 냉정하게 거절하는 사람이다. 우리가 어떤 성과를 냈을 때 축하한다고 하면서 뒤에서는 험담하는 사람이다. 말과 행동이 다른 사람은 처음에는 수려한 말 덕분에 환영을 받지만 타인도 서서히 그 사람의 화려한 언변과 빈약한 행동 사이의 괴리를 이상하게 여기게 된다. 그리고 신뢰가 깨지는 순간 그 관계는 더 깊어지기 어렵다.

우화에서 여우의 행동은 참 인상적이다. 그저 아무 말 하지 않고 떠나려고 했다. 굳이 따져 묻는 일을 하지 않는다. 왜 앞뒤가 다르냐고 비난하지도 않았다. 아마도 여우는 나무꾼이 원래 진실하지 못한 사람이라고 여겼던 모양이다. 대개 이런 사람과 다툼을 벌이는 일은 소모적일 때가 더 많다.

때로는 왜 나에게만 부당하게 하느냐고 따져 묻지 말고, 조용히 떠나는 게 마음 건강에 유익하다. 굳이 상대가 자기 치적만 내세우고 배은망덕하다고 따져 묻는다면, 그때 대답하면 된다. "참 훌륭하신 은인이셔라!"

건방진 양초

어느 날 저녁, 기름이 너무 많아 몸통이 통통하게 굵어지고 건방져진 촛불이 많은 사람 앞에서 자기가 해와 달 그리고 별을 모두 합한 것보다 훨씬 더 밝은 빛을 낼 수 있다고 뽐냈다. 바로 그 순간 바람 한 줄기가 휙 불어와 촛불을 꺼버리고 말았다. 누군가가 다시 촛불을 켜며 이렇게 말했다.

"촛불 씨, 입을 다물고 빛이나 비추시지. 하늘의 불들은 결코 바람에 꺼지는 법이 없거든."

한 줌도 안 되는 자신의 성과를 과장해서 자랑하는 사람이 있다. 승진하자마자 자신이 마치 신이라도 된 양 행동하는 사람도 있다. 그러나 인생에 작은 풍파가 오면 그러한 성과와 직위는 언제 그랬냐는 듯 사라지고 만다.

삶에 영원한 건 없다. 해와 달과 별은 항상 그 자리에 있겠지만, 우리는 잠시 반짝했다가 빛을 잃는다. 자신의 한계를 인정하고 삶이 유한하다는 걸 자각하는 일은 자만심을 내려놓게 한다. 성과와 직위도 일시적이라는 진실을 깨달을 때 우리는 겸손해진다.

'이 또한 지나가리라.' 이 말은 고통을 겪고 있는 이들에게 '시간이 약'이라는 의미로 전하는 위로의 말이다. 이 글귀의 유래에는 약간 다른 맥락이 있다. 이스라엘 당대 최고의 왕 다윗은 세공사를 불러 자신이 계속 승승장구할지라도 승리에 도취하지 않도록, 또 어떤 고난에도 쓰러지지 않도록 마음을 다잡게 할 글귀를 새겨 반지를 만들라고 명령했다. 세공사는 마땅한 글귀가 떠오르지 않자, 왕자 솔로몬에게 도움을 구했다. 그때 솔로몬이 지혜를 발휘해 알려준 글귀가 바로 '이 또한 지나가리라'였다. 바로 고통의 순간뿐 아니라 영광의 순간, 승리의 순간도 결코 오래 가지 않으리라는 경고성 경구였다.

늑대와 양

늑대 한 마리가 들개들의 공격을 받고 크게 다쳐 꼼짝도 할 수가 없었다. 마침 양 한 마리가 늑대 앞을 지나가자, 늑대는 양에게 근처 개울에서 물을 좀 떠다 달라고 부탁했다.

"만약 네가 물을 떠다 준다면, 난 곧 혼자 힘으로 내가 먹을 걸 찾을 수 있을 거야."

그러자 양이 늑대에게 대답했다.

"그럴 테지요. 전 아저씨가 그러리라고 조금도 의심치 않아요. 왜냐하면 아저씨한테 물을 가지고 아주 가까이 다가가면 분명히 저를 잡아먹어버릴 테니까요."

늑대는 개들에게 당해 꼼짝할 수가 없었다. 그래서 양에게 물을 좀 떠다 달라고 부탁했다. 그러나 늑대는 무의식중에 자신에게 필요한 것을 두 가지 말하고 있다. 물과 음식. 늑대에게 자기 눈앞에 나타난 양은 무엇을 뜻할까?

기만과 위선의 가면을 쓴 이들이 우리의 삶에 슬며시 들어와 무엇인가를 당당하게 요구할 때 적절히 거리를 둬야 한다. 늑대처럼 자칫 우리 존재를 삼킬 묘책이 숨어 있을 수 있으니까.

그럴 때 상대방이 제시하는 조건부 문장이 있다. "만약 네가 이번에만 나를 도와준다면" "만약 네가 나를 정말 불쌍히 여긴다면" 등이다. 이런 조건부 문장의 결말이 석연찮게 느껴진다면, 그들이 아무리 고개를 숙여 정중히 부탁하더라도 거절할 수 있어야 한다.

그들은 어느 때나 속이고 기만할 대상을 찾기 때문이다. 수렁에 빠진 그들을 구하기 위해 손을 잡으면, 그들은 당신을 도리어 그 수렁에 빠뜨리고 당신 어깨를 밟아 나오려고 할 것이다.

심지어 그들은 사과하며 용서를 구할 때도 조건부 문장을 사용한다. "만약 네가 상처를 받았다면 나도 미안하게 생각해." 어떤가? 그들의 마음속 위선이 느껴지지 않는가.

새끼 사슴과 엄마 사슴

The Fawn and Her Mother

어느 날 새끼 사슴 한 마리가 엄마 사슴에게 말했다.

"엄마, 엄마는 개보다 몸집이 더 크고 빨라요. 개보다 인내심도 더 크고 방어할 수 있는 뿔도 있잖아요. 그런데 엄마, 엄마는 왜 사냥개들을 무서워해요?"

그러자 엄마 사슴이 미소를 띠면서 새끼 사슴에게 말했다.

"얘, 그건 나도 잘 알고 있단다. 하지만 개가 짖는 소리만 들리면 기운이 쭉 빠지면서 걸음아 날 살려라 하고 달아나게 된단다."

엄마 사슴은 자신이 덩치도 크고 뿔도 있어서 사냥개에 맞설 수 있다는 걸 머리로는 알고 있다. 그러나 두려움이 엄습하면 자신도 모르게 싸울 의지를 잃고 도망치느라 바빴다. 엄마 사슴은 멍청한 걸까? 아니다.

우리도 과도한 두려움에 사로잡히면 이성이 도통 작동하지 않는다. 심리적 외상을 겪은 이들도 마찬가지다. 자라 보고 놀란 사람들은 자꾸 부엌에 들어갈 때마다 소스라치게 놀란다. 솥뚜껑이 자라가 아니라는 걸 잘 알고 있는데도 말이다.

이미 지난 과거 일인데도 자꾸 과도한 두려움에 떠는 건 우리의 독특한 뇌 구조 때문이다. 두려움에 맞서거나 도망가는 건, 똑똑한 이성을 관장하는 대뇌의 역할이 아니다. 대뇌 아래에 감정 처리 신호등인 편도체가 작동하는 변연계다. 과거 외상 경험이 많을수록 대뇌보다 변연계가 먼저 작동한다.

그래도 엄마 사슴에게는 희망이 있다. 창피할 수도 있는데, 누군가에게 자기 내면을 솔직하게 드러내고 있다. 이런 내면의 대화는 편도체의 오작동에 대해 깊이 숙고하는 시간을 준다. 엄마 사슴은 새끼 사슴과 함께 두려움이 지나쳐 이성이 완전히 마비되지 않을 방법을 찾아갈 수 있을 것이다.

나그네와 플라타너스

The Travelers and the Plane Tree

어느 무더운 여름날 한낮의 햇볕에 견디다 못한 나그네 몇 사람이 플라타너스 한 그루를 발견하고 서둘러 그 나무로 다가갔다. 그들은 나무에 가까이 가자마자 곧바로 땅바닥에 드러누워 널찍한 나뭇가지 그늘에서 쉬었다. 그곳에서 뒹굴면서 한 나그네가 동료에게 말했다.

"열매도 열리지 않는 이 플라타너스는 얼마나 쓸모없는 나무란 말인가! 아무 데도 쓸 곳이 없단 말씀이야."

그러자 플라타너스가 그들에게 대답하며 말했다.

"이 은혜도 모르는 놈들! 너희는 지금 내 덕을 톡톡히 보고 있으면서도 내가 아무 쓸모가 없다고 비웃는 거냐!"

제우스와 포세이돈*과 아테나**와 모모스***

Jupiter, Neptune, Minerva, and Momus

전해 내려오는 얘기에 제우스와 포세이돈과 아테나가 그들 가운데서 누가 이 세상에서 가장 완벽한 존재를 만들어낼 수 있는지를 놓고 겨룬 적이 있었다. 그래서 제우스는 인간을 만들었고, 아테나는 집을 만들었으며, 포세이돈은 황소를 만들었다. 그리고 훗날 올림포스에서 쫓겨나게 되는 모모스는 과연 누구의 작품이 가장 뛰어난지 결정하는 심판관으로 뽑혔다.

모모스는 우선 황소의 뿔이 눈 아래쪽에 있어 뿔로 받을 때 앞을 볼 수가 없다고 황소를 흠잡았다. 그다음에는 인간의 가슴에 창문이 없어 마음속에서 무엇을 생각하고 무엇을 느끼는지 알 수 없다고 인간을 흠잡았다. 그리고 나서 끝으로 집에는 나쁜 이웃 사람들을 만났을 때 도망칠 수 있는 바퀴

---

*   바다와 강과 샘의 신. 로마 신화에서 넵투누스와 비슷한 신이다.
**   지혜의 여신으로 제우스의 딸. 로마 신화에서는 미네르바다.
***   풍자와 조롱의 신이다.

가 달려 있지 않다고 흠잡았다. 모모스가 이렇게 판결한 뒤에 제우스는 흠만 잡는 자는 결코 만족할 수 없는 자고, 자신이 직접 무엇인가 가치 있는 걸 만들어내기 전에는 남의 작품을 비평할 수 없다고 꾸짖으면서 이 비평가를 하늘에서 내쫓아버렸다.

꼬리 없는 여우

The Fox Without a Tail

여우 한 마리가 덫에 걸리고 말았다. 여우는 자기 꼬리를 잘라버리고 나서야 가까스로 목숨을 건질 수 있었다. 그런데 꼬리가 없이는 다른 여우들한테 웃음거리가 되리라는 걸 잘 아는 여우는 꼬리 없이 지내느니 차라리 죽는 쪽이 더 낫다는 생각까지 들었다. 그러다 자신의 딱한 처지를 최대한 이용해보겠다고 결심하고, 다른 여우들을 불러 모아 자신을 따르면 어떻겠느냐고 제안했다. 여우가 동료들에게 말했다.

"여러분, 지금 내가 얼마나 편하고 기분 좋게 돌아다니고 있는지 상상도 하지 못할 겁니다. 내가 직접 이걸 시험해보지 않았다면 나 역시 결코 그 사실을 믿지 않았을 겁니다. 그러나 사실 곰곰이 생각해본다면, 꼬리란 얼마나 꼴사납고 불편하고 불필요한 겁니까! 우리 여우들이 이런 걸 이렇게 오랫동안 참고 살아왔다는 게 참으로 이상할 정도입니다. 그러므로 존경하는 형제 여러분, 내 경험을 거울삼아 오늘 이후부터 모든 여우는 꼬리를 잘라버리자고 제안하는 바입니다."

이 여우가 말을 마치고 자리에 앉자 나이 든 여우 한 마리가 일어나 자신의 긴 꼬리를 우아하게 흔들면서 말했다.

"여보게 친구, 나도 자네처럼 꼬리를 잃어버렸다면, 자네의 제안이 아주 설득력이 있다고 생각했을 테지. 하지만 내가 그런 사고를 당하기 전까지는 꼬리를 계속 가지고 있자는 쪽에 표를 던지겠네."

충고에는 두 가지가 있다. 진심 어린 마음에서 우러난 충고와 이기적인 마음에 기반한 충고다. 이기적인 마음으로 하는 충고는 타인을 위한 충고가 아니라 자기만을 위한 충고다.

예를 하나 들어보자. 고등학교 3학년 때 한 친구가 당신에게 다가와 열변을 토하는 중이다. 그 말인즉슨 "공부는 성공에 사실상 쓸모없으니 앞으론 게임이나 하자"라는 말이다. 게다가 같이 안 가면 의리가 없는 사람이라고 한다. 알고 보니 그 친구는 공부는 아예 손을 놓아버린 친구다. 그 친구는 정말 공부가 쓸모없다고 생각하기보다는 당신이 공부하는 게 싫은 거다. 곧 다가올 대학 입시에 실패할 때 함께 한탄할 친구 한 명이 필요한 거다. 그러므로 누군가 당신에게 충고할 때, 그 충고 자체보다는 충고하는 사람의 의도를 알아차려야 한다.

아무리 그럴듯해 보여도 이기적인 목적을 가진 충고에는 흔들리지 말자. 나이 든 여우처럼 말해도 좋겠다. "나도 자네와 같은 상황이라면 바로 설득되겠지. 아쉽지만 난 내 길을 가겠네."

심술궂은 개

The Mischievous Dog

옛날에 몹시 난폭하고 심술궂은 개 한 마리가 살았다. 그의 주인은 개가 이웃 사람들을 물거나 귀찮게 하지 못하도록 그의 목에 무거운 굴레를 씌웠다. 개는 주인이 준 이 굴레를 훈장이라도 되는 듯 너무나 자랑스럽게 생각한 나머지 사람들의 관심을 끌려고 굴레를 이리저리 흔들면서 시장바닥을 활보했다. 그러자 빈정대기를 잘하는 친구가 이 개한테 한마디 충고를 던졌다.

"자네는 시끄러운 소리를 내지 않으면 않을수록 좋다네. 자네가 목에 두른 굴레는 명예의 표지가 아니라 치욕의 상징이거든!"

다른 사람을 괴롭히거나 약자에게 무례한 일을 일삼으며 시선을 끄는 사람이 있다. 어떤 아버지는 집안에서 자신이 최고 권력자처럼 호통을 친다. 스스로는 가족 모두에게 주목받고 있다고 여기겠지만, 실은 가족 모두가 피하는 사람이 되고 만다.

우리는 훌륭한 일을 한 의인을 주목하지만, 나쁜 일을 저지른 범죄자도 주목한다. 모두 주목받는 결과를 만들지만 대중의 반응은 전혀 다르다. 전자에게는 '존경심'을, 후자에게는 '경멸감'을 느낀다.

어른들에게 주목받는 걸 가장 즐기는 유치원생 또래의 아이들은 나쁜 주목을 받아도 전혀 부끄럽게 여기지 않는다. 선생님이 자꾸 떠든다고 지적해도 자기 이름이 불리는 일이 못내 즐겁다. 그래서 떠들기를 멈출 수 없다.

하지만 성인이 되면 이 두 가지 주목을 명확히 구별할 수 있어야 한다. 안타깝게도 어린 시절 내내 긍정적인 존중을 받아보지 못하면, 성인이 되어서도 여전히 부정적인 주목을 즐기며 살아갈 수 있다. 이는 무거운 굴레를 찬 난폭한 개가 그 굴레를 자신의 훈장이라 여기는 것과 같다.

원만한 사회생활을 위해서는 지금이라도 무조건 주목을 받으려는 맹목적인 방식을 내려놓고, 모두에게 존중받을 수 있는 긍정적인 주목을 받으려는 노력이 필요하다.

헤르메스와 나무꾼

(금도끼 은도끼)

Mercury and the Woodcutter

나무꾼 한 사람이 강둑 근처에서 나무를 베다가 그만 도끼가 손에서 미끄러지는 바람에 강물에 빠뜨리고 말았다. 도끼는 금세 강바닥으로 가라앉았다. 너무 놀란 나머지 나무꾼은 강가에 앉아 조심성 없는 자신을 탓하며 엉엉 소리 내어 울었다. 그때 강의 주인인 헤르메스가 이 나무꾼을 불쌍히 여겨 그의 앞에 나타났다.

나무꾼에게 사정을 들은 뒤 헤르메스는 강물 속으로 들어가 금도끼 하나를 들고 나타났다. 그러고는 금도끼가 그의 도끼냐고 물었다. 나무꾼이 아니라고 대답하자 헤르메스가 다시 강으로 들어가 이번에는 은도끼 하나를 들고 나타났다. 나무꾼은 그 도끼도 자기 도끼가 아니라고 대답했다. 그러자 헤르메스는 다시 강으로 들어가더니 나무꾼이 잃어버린 도끼를 들고 나타났다. 자기 도끼를 되찾자 너무 기뻐 나무꾼이 말했다.

"네, 그게 바로 제 도끼입니다!"

헤르메스는 나무꾼의 정직함에 감동해 금도끼와 은도끼까지 선물로 주

헤르메스와 나무꾼 (금도끼 은도끼)

289

었다.

뒤에 나무꾼이 이 일을 친구들에게 말했다. 그러자 친구 중 한 사람이 자기한테도 똑같은 일이 일어나나 보기로 결심했다. 그래서 마치 나무를 베는 척하다가 같은 장소에 가서 일부러 도끼를 강물 속으로 떨어뜨렸다. 그러고 나서 우는 시늉을 했다. 헤르메스가 전처럼 나타났고, 그가 도끼를 잃어버렸다는 말을 듣고는 강물 속으로 들어갔다. 금도끼를 갖고 나와 그가 잃어버린 거냐고 물었다. 그 사람은 도끼를 잡아채려고 하면서 말했다.

"네, 분명히 제 것입니다."

그러자 헤르메스는 그에게 금도끼를 주지 않았을 뿐 아니라 그가 잃어버린 도끼도 돌려주지 않았다. 그렇게 그 사람은 뻔뻔스럽게 거짓말한 대가를 톡톡히 치렀다.

거짓말을 하는 동기에는 여러 가지가 있다. 순간적으로 책임을 회피하기 위한 거짓말, 타인에게 잘 보이고 싶어서 하는 거짓말 등. 그중 가장 안 좋은 거짓말이 있다. 바로 '탐욕스러운 거짓말'이다. 흔히 이런 거짓말을 우리는 '사기'라고 부른다.

탐욕과 거짓말이 만나면 다른 거짓말보다 그 중독의 빈도와 정도가 점점 더 심해진다. 자신에게 적잖은 실질적 이득을 주기 때문이다. 그래서 한번 시작하면 끊기가 어렵다. 그런데 이런 거짓말은 성공 가능성이 그리 크지 않다는 점을 기억해야 한다. 여러 번 거짓말이 반복되면 상대를 계속해서 속여야 한다. 아무리 교묘하게 포장해도 상대가 계속해서 의심 없이 속아주기는 매우 어렵다. 탐욕스럽게 사기 행각을 벌인다면, 결국 상대는 그만큼 손해를 보기 때문이다. 의심이 점점 더 커질 수밖에 없다. 즉, 거짓말과 탐욕이 만날 때 상대가 보내는 의심의 눈초리는 어느새 확신으로 바뀐다.

이런 탐욕스러운 거짓말은 상대방에게 피해를 입히기 때문에 단 한 번만 들켜도 신뢰가 완전히 깨져버린다. 단기적으로는 이익을 얻을지 모르겠지만 장기적으로는 그마저도 토해내야 할 때가 반드시 온다.

포로가 된 나팔수

The Trumpeter Taken Prisoner

자기 부대의 병사들을 용감히 적에게 돌진하도록 독려하던 나팔수 한 사람이 전쟁에서 포로로 붙잡혔다. 그는 적군에게 살려달라고 간절히 애원했다.

"여러분, 제발 부탁이니 저를 살려주십시오. 저를 죽일 이유가 조금도 없습니다. 저는 누구 한 사람 죽인 일도 없으며, 아무런 무기도 갖고 있지 않습니다. 제가 가진 거라곤 오직 이 나팔뿐이죠."

그런데 나팔수를 붙잡은 사람들이 그에게 말했다.

"바로 그래서 너를 죽이려는 거야. 비록 넌 직접 싸우지는 않지만 네가 부는 나팔이 병사들을 부추겨 싸우게 하고 피를 흘리게 하지 않느냐 말이다."

한때 심리학계에서는 겉으로 보이지 않는 인간의 의식과 마음은 연구 대상이 될 수 없다고 단정한 적이 있었다. 그래서 오직 인간의 행동을 통해서만 그 속내를 해석할 수 있는 '행동주의 심리학'이 성행했다. 행동을 관찰하고 분석하는 일만이 인간의 내면 심리를 추론하는 데 가장 확실한 방법이라고 믿었다.

나팔수의 외적인 행동만 보면 그는 전혀 살생과 전투욕을 가진 사람이라고 평가할 수 없다. 그래서 행동만으로 상대방의 마음을 짐작하는 일은 결코 쉽지 않다. 하지만 우화에서처럼 전쟁터에서 나팔수의 역할은 직접 싸우는 병사의 역할보다 훨씬 더 중요하다. 나팔수의 행동에는 수많은 병사의 마음을 움직일 수 있는 역동이 숨어 있어서다.

혹시 우리가 누군가와 함께 협력해서 하고 싶은 일이 있다면 상대의 행동만 보고 결론 내지 말아야 한다. 먼저 숨겨진 마음의 역동을 찬찬히 살펴보는 지혜가 필요하다. 상대방이 정말로 원하는 게 무엇일까를 알아내는 게 최우선일 수 있다. 하지만 상대는 진정 자신이 원하는 바람을 꼭꼭 숨길 때가 많다는 점에 유의해야 한다. 따라서 시간을 두고 깊은 대화를 해볼 필요가 있다.

새잡이와 메추라기

한 매잡이가 그물을 쳐서 메추라기 한 마리를 잡자 메추라기가 슬픈 목소리로 외쳤다.

"아저씨, 제발 저를 놓아주세요. 그렇게만 해주시면 제가 다른 메추라기들을 유인해서 아저씨의 그물에 걸리도록 해드릴게요."

그러자 그 사나이가 메추라기에게 말했다.

"그건 안 돼. 다른 일을 해줄 순 있을지 몰라도 너를 그냥 놔주는 일만은 절대로 하지 않겠어. 제 목숨을 건지려고 친구들을 배반하려는 놈은 죽음보다 더 혹독한 벌을 받아도 싸거든."

갈까마귀와 백조

The Raven and the Swan

갈까마귀 한 마리가 백조의 흰 깃털을 몹시 부러워했다. 백조의 깃털이 아름다운 건 백조가 사는 물 때문이라고 생각한 갈까마귀는 지금까지 항상 먹이를 찾곤 하던 제단을 버리고 연못과 시냇가로 날아갔다. 그리고 그곳에서 깃털을 손질하고 옷을 빨았다. 그러나 그 모두가 헛수고였다. 갈까마귀의 깃털은 여전히 새까만 상태 그대로 있었다. 낯선 곳에서 평소 먹던 음식을 구할 수 없었던 까마귀는 얼마 못 가 굶어 죽고 말았다.

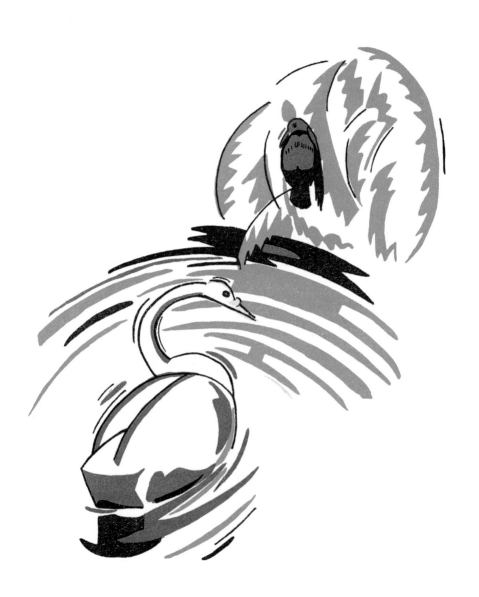

수사슴과 포도나무

The Hart and the Vine

사냥꾼들한테 무자비하게 쫓기던 수사슴 한 마리가 포도나무 가지 사이로 몸을 숨겼다. 사냥꾼들은 수사슴을 보지 못하고 그냥 지나쳐 갔다. 수사슴은 이제 완전히 위험에서 벗어났다고 생각하고 자기를 숨겨준 포도잎을 뜯어 먹기 시작했다. 그런데 사냥꾼 한 사람이 바스락거리는 소리를 듣고 뒤를 돌아보더니 수사슴이 있음 직한 무성한 덩굴을 향해 총을 쐈다. 수사슴이 숨을 거두면서 신음하듯 이렇게 소리쳤다.

"죽어도 싸다 싸! 배은망덕하게도 위험에 놓여 있을 때 나를 지켜준 포도나무를 해치다니."

개와 산토끼

The Dog and the Hare

개 한 마리가 숲속에서 산토끼 한 마리를 발견한 뒤 오랫동안 산토끼의 뒤를 쫓아갔다. 마침내 개는 처음에는 산토끼를 잡아먹을 듯이 이빨로 물어뜯기도 하고, 또 다른 개와 장난치는 듯 토끼를 자꾸만 핥기도 했다. 산토끼는 이러한 행동을 어떻게 받아들여야 좋을지 몰라서 걸음을 멈추고 말했다.

"본심을 보여주셨으면 좋겠습니다. 만약 제 친구라면 왜 그렇게 세게 저를 물어뜯는 겁니까? 만약 적이라면 왜 또 저를 그렇게 쓰다듬는 겁니까?"

미국 유학 시절 서투른 영어로 상담하는 나에게 처음으로 친절하게 대해준 미국인 내담자가 있었다. 심지어는 나처럼 상담을 잘하는 사람은 처음이라는 말까지 했다. 나의 사기는 하늘을 찔렀다.

그러나 몇 주 후 나는 같은 내담자가 상담 중 갑자기 내게 삿대질하면서 소리를 지르는 장면을 목격해야 했다. 내 잘못이라고는 내담자가 일주일 전에 한 이야기를 잘 기억하지 못했을 뿐이었는데, 그 정도로 이리도 사납게 돌변할 수 있단 말인가?

이 내담자와의 일로 나는 지도교수의 슈퍼비전(지도감독)을 받았다. 낙담한 내게 교수는 아마도 그 내담자는 '경계성 인격장애'를 앓고 있는 것 같다고 했다. 원래 그런 사람들은 감정 기복이 널뛰듯 한다고도 했다.

대체 왜 내게 그리도 화를 냈는지 물었을 때, 교수는 대답했다. "네게 버림받은 느낌이 들었나 보지." 경계성 인격장애는 버림받은 과거의 상처 경험으로 누군가와 극도로 친해졌다가도 자기 존재가 무시당한 느낌이 들면 과감하게 먼저 관계를 끊어버리는 일을 반복한다.

늑대와 양치기

늑대 한 마리가 오랫동안 양 떼 뒤를 서성거리며 따라다녔지만 한 번도 양 떼를 공격하려고 하지는 않았다. 그러나 양치기는 늘 의심을 품고 늑대를 틀림없는 적이라 여겼다. 그래서 늑대에 대해 언제나 경계의 고삐를 늦추지 않고 있었다. 그런데 그 늑대가 날이면 날마다 양 떼 주위를 맴돌면서 눈곱만치도 양을 괴롭히지 않자 양치기도 늑대를 적이라기보다 오히려 친구로 간주하기 시작했다.

그러던 어느 날 양치기는 시내에 갈 일이 있어 양 떼를 늑대에게 맡겼다. 그러자 늑대는 양 떼를 맡자마자 무섭게 양들에게 덤벼들어 그들을 잡아먹었다. 양치기가 돌아와 죽어 있는 양들을 보고 소리쳤다.

"이 얼마나 바보인가! 내 양 떼를 늑대 놈한테 맡기다니 이런 일을 당해도 싸다 싸."

수탕나귀와 신상

The Jackass and the Statue

종교 행렬에서 신상을 등에 지고 걸어가는 수탕나귀 한 마리가 시내를 통과하고 있었다. 신상이 지나가자 사람들이 하나같이 깊은 존경심을 담아 고개를 숙였다. 그러자 사람들이 자기에게 존경심을 보낸다고 생각한 수탕나귀가 자못 우쭐해져서 걸음을 한 발짝도 더 내딛지 않으려고 했다. 그러자 수탕나귀를 몰고 가던 사람이 곧 채찍으로 등을 때리면서 말했다.

"이 바보 얼간이 같은 놈아! 사람들이 네놈한테 경의를 표하는 게 아니라, 네놈이 등에 지고 있는 신상에 경의를 표하는 거란 말이야."

사나이와 사티로스*

The Man and the Satyr

한 사나이가 사티로스와 친구가 되어 함께 이야기를 나누었다. 날씨가 추운 겨울이라 사나이는 손가락을 입에 갖다 대고 호호 입김을 불었다. 그러자 사티로스가 물었다.

"친구여, 왜 그러고 있는 건가?"

그러자 사나이가 대답했다.

"손을 녹이려고. 추워서 손가락이 얼다시피 했다네."

그날 늦게 그들은 함께 앉아서 저녁 식사를 했다. 뜨거운 음식이 나오자 사나이는 접시를 입에 갖다 대고 호호 불었다. 그걸 본 사티로스가 물었다.

"그건 또 무슨 짓인가?"

사나이가 대답했다.

*   그리스 신화에 등장하는 반인반수半人半獸 자연의 정령. 술의 신 디오니소스를 따라다니며 그 추종자들과 함께 광란의 축제를 즐기기로 유명하다.

"아! 죽이 너무 뜨거워서 식히려고."

그러자 사티로스가 그에게 말했다.

"그렇다면 이 순간부터 우리 우정은 끝일세. 한 번은 입김을 불어 뜨겁게 하고, 또 다음엔 입김을 불어 차게 하는 사람을 믿을 수가 없네."

조금만 추위도 춥다고 호들갑을 떨고, 조금만 더워도 덥다고 난리가 나는 사람이 있다. 조금 전까지는 기분이 좋아 해맑게 웃다가 30분도 안 지났는데 기분이 갑자기 나빠져 투덜대는 사람이 있다. 이른바 종잡을 수 없는 사람이다.

이런 사람과 인생을 함께하다 보면, 내 삶도 롤러코스터처럼 불안감이 커진다. 비위를 맞추려고 해도 도무지 종잡을 수 없어 피로감만 가중된다. 모든 인간은 감정이 있지만, 감정대로만 움직이는 사람은 그저 멀리하고 싶다. 하지만 이런 사람을 우리도 사티로스처럼 믿을 수 없는 사람이라며 절교를 선언해야 할까? 이들을 다르게 이해할 방법은 없을까?

우리 안에 있는 감정은 '좋다, 나쁘다'로 이분화할 수 없다. 겨울에는 뜨거운 게 좋지만, 한여름에는 뜨거운 열기가 갑자기 불쾌지수를 높이는 나쁜 감정을 만들어낸다. 그래서 상대방의 감정을 가지고 그 존재 자체의 좋고 나쁨으로 판단할 필요는 없다. 분노의 감정을 지녔다고 해서 그 사람이 무조건 나쁜 사람이 될 수는 없기 때문이다.

나는 분에 겨워 못 살겠다는 내담자에게 다음과 같이 자기 최면을 주문한다. "나는 분노한다. 하지만 나는 분노가 아니다. 그래서 나는 분노를 다룰 수 있다."

대장장이와 개

The Blacksmith and His Dog

옛날에 한 대장장이가 귀여운 개 한 마리를 기르고 있었다. 대장장이가 망치로 쇠를 두드리는 동안 개는 쿨쿨 잠만 자고 있었다. 그러나 대장장이가 저녁을 먹으려고 자리에 앉으면 개는 잠에서 깨어났다. 그러자 대장장이가 뼈다귀 하나를 개에게 집어던지며 말했다.

"이 게으른 놈아! 시끄러운 풀무질 소리에도 아랑곳하지 않고 쿨쿨 잠만 잘 자더니 내가 밥 먹는 소리를 듣자마자 잠에서 깨어나다니!"

당나귀와 수탉과 사자

The Ass, the Cock, and the Lion

당나귀와 수탉이 농가 마당에서 함께 살고 있었다. 어느 날 굶주린 사자 한 마리가 그 옆을 지나가다가 통통하게 살이 찐 당나귀를 보고는 그 당나귀를 잡아먹어야겠다고 결심했다. 그런데 수탉 울음소리만큼 사자가 싫어하는 게 없었다. 사자가 농가로 들어서는 그 순간 때마침 수탉이 크게 소리 내 울자, 사자는 황급히 그 자리에서 도망쳤다.

당나귀는 사자가 한낱 집에서 기르는 새에 지나지 않는 수탉에게 겁을 집어먹는다고 생각하니 아주 재미있었다. 그는 용기를 얻어 사자 뒤를 쫓으며 백수의 왕을 농가에서 내쫓고 있다는 사실에 가슴 뿌듯함을 느꼈다. 그러나 그다지 멀리 가지 않아 사자가 갑자기 등을 돌리더니 순식간에 당나귀를 덮쳐 잡아먹었다.

307

표범과 여우

The Leopard and the Fox

어느 날 표범과 여우가 어느 쪽이 더 아름다운 동물인지를 두고 서로 다투었다. 표범은 자기 몸의 그 무수한 얼룩점이 아름답다고 뽐냈다. 그러자 여우가 표범에게 이렇게 대답했다.

"온갖 색깔이 섞인 몸뚱이를 갖고 있는 것보다는 온갖 일을 척척 해결할 수 있는 두뇌를 갖고 있는 쪽이 더 낫지요."

사회학자이자 자존감 척도를 개발한 모리스 로젠버그Morris Rosenberg가 말한 '자기 자신의 가치에 대한 긍정적 평가 또는 태도'가 가장 널리 알려진 자존감의 정의다.

요즘에는 '자기연민 self-compassion'이 개인의 심리적 안녕감에 도움이 되는 새로운 개념으로 연구자들에게 각광받고 있다. 자기연민이란 사회적 평균을 기준으로 스스로 우열을 가리는 데에서 벗어나, 있는 그대로의 자신을 수용해 건강한 심리 상태를 유지하고자 하는 태도이다. 최근 연구에서는 자기연민 없이 단순히 자존감만 높은 집단은 협동적이지 않아 대인 관계에서 갈등을 일으키기도 한다고 보고한다. 타인의 입장을 이해하지 못하는 등 공감 능력이 떨어지는 것도 이들의 특징이다.

우리나라 사람들이 유독 자기연민이 약하다. 외모와 성적, 학벌과 경제적 능력 등으로 서로를 과도하게 평가하는 문화가 달라져야 한다. 우리 자신만의 고유한 아름다움은 스스로 인정할 때 가장 빛난다.

물에 빠진 소년

The Boy Who Went Swimming

한 소년이 강에서 수영하다가 강둑에서 너무 멀리 나가는 바람에 익사할 지경에 이르렀다. 그때 마침 다행히 소년은 길을 걸어가는 한 사람을 발견하고는 있는 힘을 다해 그를 향해 소리를 질렀다. 그러나 그 사람은 달려와 소년을 도와주기는커녕 그렇게 깊은 강물에서 수영하는 무모함에 관해 소년에게 설교를 늘어놓기 시작했다. 그러자 소년이 큰 소리로 외쳤다.

"아저씨, 제발 설교는 나중에 하시고 저를 먼저 구해주셔야죠."

늙은 사자

The Old Lion

나이가 많아 힘이 빠진 사자 한 마리가 땅에 사지를 펴고 누워 완전히 무력한 상태로 마지막 숨을 몰아쉬고 있었다. 그때 멧돼지 한 마리가 옛날에 자신이 사자에게 당한 서러움을 앙갚음하려고 사자에게 다가가 엄니로 공격했다. 그다음에는 황소 한 마리가 복수를 결심하고 사자를 뿔로 받았다. 이제 사자가 심하게 다뤄도 반격할 수 없다는 사실을 안 당나귀도 앙심을 품고 사자의 얼굴을 발길로 걷어찼다. 그러자 죽어가던 짐승이 당나귀를 향해 외쳤다.

"힘이 센 짐승들한테 받는 모욕은 서럽지만 그럭저럭 참아왔어. 그런데 너같이 약하고 천한 짐승에게 수모를 겪으니 두 번 죽는 것 같구나."

311

사자 가죽을 쓴 당나귀

The Ass in the Lion's Skin

당나귀 한 마리가 사자 가죽을 뒤집어쓰고 주위를 돌아다녔다. 그는 길에서 만나는 약하고 어리석은 동물들을 모조리 깜짝 놀라게 하며 즐기고 있었다. 여우를 만나자, 여우 또한 놀라게 해주려고 했다. 그런데 여우는 당나귀의 목소리를 듣고는 이렇게 말했다.

"정말이지 나도 하마터면 깜짝 놀랄 뻔했어. 네가 시끄럽게 울어대는 소리만 듣지 못했어도 말이야."

허풍쟁이 나그네

The Boasting Traveler

여러 나라를 두루 여행한 한 사나이가 고향에 돌아와 여러 곳에서 자기가 터득했다는 뛰어난 묘기를 자랑하며 허풍을 떨었다. 하루는 그가 '로즈'라는 나라에 있을 때 높이뛰기를 매우 잘해 그 누구도 자기만큼 뛰어오르지 못했고, 그 나라에는 자기 묘기를 입증해줄 증인도 있다고 얘기했다. 그러자 그의 얘기를 듣고 있던 한 사람이 말했다.

"아마 그럴지도 모르죠. 하지만 그게 사실이라 해도 증인 같은 건 필요 없습니다. 바로 여기가 로즈라고 상상하고 다시 한번 뛰어보시죠."

우리는 왜 허세를 거짓으로 여길까? 실제로 허세가 100% 거짓은 아닌데도 말이다. 상대의 말이 진실인 줄 알았으나 30% 정도만이 진실이고 나머지가 허풍으로 부풀려진 내용일 때, 상대에 대한 신뢰가 급락한다.

허풍이 많은 사람은 실은 자존감이 낮거나 자신감이 부족한 경우가 많다. 실제보다 훨씬 크게 부풀려 말해야만 하는 그 사람의 속내를 들여다보자. 있는 그대로 이야기하면 자신은 상대방에게 인정받지 못할 것 같다. 대신 실제보다 약간 과장되게 말하면 사람들이 내 말에 귀 기울여주고, 마치 나를 대단한 사람으로 인정해줄 것만 같다. 있는 사실 그대로만 말하면 자신의 열등감이 날것으로 드러날 것만 같아 두려운 것이다.

이처럼 허세가 심한 사람은 사실 두려움이 많은 사람이며 어린 시절 주목과 인정, 칭찬을 받은 경험이 많지 않은 사람일 수 있다. 과장하지 말고 말을 증명해보라며 냉혹하게 지적하기보다는 어느 정도 받아주고 인정해주기를 반복해보자. 그러다 보면 이전보다는 한층 안정된 모습을 볼 수 있다.

구두쇠

The Miser

한 구두쇠가 자기 재산을 늘 안전하게 보관하고 싶어 궁리했다. 자기가 갖고 있는 재산을 모두 팔아 커다란 금덩어리 하나로 바꾸어 땅을 파고 구덩이 속에 감춰놓았다. 구두쇠가 늘 그 장소에 찾아가 무언가를 살피는 모습을 보고 일꾼 중 한 사람이 호기심이 나서 주인이 그곳에 보물을 숨겨놓은 게 아닌가 짐작했다.

주인이 보지 않는 틈을 타 일꾼은 그 장소로 가서 금덩어리를 발견하고 훔쳐 달아났다. 구두쇠가 돌아와 텅 빈 구덩이를 보고 머리카락을 쥐어뜯으며 울었다. 그러자 이웃 사람 하나가 그렇게 슬퍼하는 구두쇠를 보고 말했다.

"그만 안달하게. 돌을 하나 갖고 와 금덩어리를 묻었던 장소에 넣어두게. 그리고 나서 그게 자네의 금덩어리라고 생각하는 거야. 어차피 사용할 생각이 없었으니 돌이나 금덩어리나 마찬가지가 아닌가."

우화의 주인공처럼 소설에 보면 대개 구두쇠들은 아등바등하며 돈 모으는 데에만 혈안이 되어 궁색하게 살다가 원하는 것은 누려보지도 못하고 생을 마감한다. 이유가 뭘까?

구두쇠는 누구보다도 돈을 잃는 것에 공포가 크다. 그러니 자기 재산을 잃는 것에 대한 과도한 두려움으로 금덩어리를 땅속에 묻어두기까지 했을 것이다. 이들은 남을 믿지 못하고 돈이 줄 수 있는 혜택을 편안하게 누리지 못한다. 그들의 행동을 통해 그들의 강박 심리를 엿볼 수 있다. 최근의 한 연구는 사람들이 돈을 낭비하거나 절약하는 행위는 돈 자체보다는 자신이 가진 심리적 요인과 더욱 밀접하게 연관되어 있다고 보고했다.

우화의 구두쇠처럼 돈을 사용하는 데 어려움을 겪거나 오히려 소비가 스트레스가 된다면 자신의 과도한 두려움의 기원을 찬찬히 찾아봐야 한다. 물론 이들의 높은 자제력과 철저한 계획성은 장점이 될 수도 있다. 그러나 장점이 될 수도 있는 태도가 자칫 부정적으로 발전해 강박적으로 변한다면 오히려 삶의 족쇄가 된다.

늑대와 말

The Wolf and the Horse

옛날에 굶주린 늑대 한 마리가 농장을 헤매다가 귀리밭에 이르렀다. 늑대는 귀리를 먹지 않기에 계속 앞으로 나아갔다. 곧 말 한 마리를 만나자 늑대는 자기와 함께 귀리밭으로 가자고 했다.

"아주 맛있는 귀리를 찾아냈어. 더욱이 난 그 귀리를 입에 한 톨도 대지 않았어. 사실 자네를 위해 모두 남겨놓았단 말씀이야. 자네가 이빨로 귀리를 씹는 소리가 내 귀에는 음악처럼 감미롭게 들리거든."

그러자 말이 늑대에게 말했다.

"참 친절도 하셔라! 자네가 귀리를 먹을 수만 있다면 배불리 먹었겠지. 그러곤 자네 귀에 달콤하다는 그 음악은 까맣게 잊어버렸을 거야."

사냥꾼과 나무꾼

The Hunter and the Woodcutter

어떤 사람이 숲속으로 사자를 사냥하러 갔다가 나무꾼 한 사람을 만났다. 사냥꾼은 나무꾼에게 사자의 발자국을 보았는지, 또 사자의 굴이 어디에 있는지 아느냐고 물었다. 그러자 나무꾼이 대답했다.

"알고말고요. 저를 따라오시면 사자를 직접 보여드리겠습니다."

이 말을 듣자, 사냥꾼은 얼굴이 새파랗게 질리고 이를 덜덜 떨며 말했다.

"됐어요. 내가 찾는 건 사자 발자국이지 사자가 아니라고요."

실제보다 자기 능력을 과장하면서 사는 사람들이 있다. 우화의 사냥꾼뿐 아니라, 낚시꾼들도 자신이 잡은 포획물의 크기를 과장하기 일쑤다. 주먹깨나 쓰며 살던 사람들은 혼자서 제압한 사람의 숫자를 과장한다. 군대에서 자신이 얼마나 용맹스러웠는지를 수십 년간 이야기 소재로 삼는다.

하지만 상담 전문가들은 허풍떠는 사람에게 자기 열등감을 극복하기 위한 보상 심리가 있다고 지적한다. 이때 열등감이란 타인에게 주목받고 인정받고 싶어 하는 심리다. 사자 발자국만 찾는다는 사냥꾼에게도 이런 열등감이 숨어 있다.

허풍쟁이들을 무조건 손가락질하기보다는 내면의 연약한 마음을 헤아려 불쌍히 여겨야 할지 모른다. 관심과 사랑의 결핍이 있는 그들의 과거 경험은 돌봄과 치유가 필요한 영역이다. 허풍이 점점 줄고 자신의 약한 모습도 남에게 있는 그대로 자연스럽게 드러낼 수 있다면, 그들의 마음이 회복되고 있다는 신호다.

여우와 까마귀

The Fox and the Crow

까마귀 한 마리가 창턱에 있던 큼직한 치즈 덩어리 하나를 낚아챈 뒤 맛있게 먹으려고 높은 나뭇가지 위에 올라가 앉았다. 그때 여우 한 마리가 입에 맛있는 치즈 조각을 물고 있는 까마귀를 발견하고는 어떻게 하면 빼앗을 수 있을까 곰곰이 생각했다. 여우가 까마귀에게 말했다.

"아, 까마귀야, 네 날개는 어쩌면 그렇게도 예쁘니! 네 눈은 또 얼마나 반짝이고! 또한 네 목은 얼마나 우아한지! 정말이지 네 가슴은 독수리의 가슴이야! 네 발톱은, 발톱이라고 해서 외람되지만 어쨌든 네 발톱은 들판에 사는 모든 짐승에 필적할 만하구나. 아, 네 목소리만 네 수려한 용모에 따라준다면 넌 새들의 여왕으로 불러 마땅할 거야!"

여우가 아첨하는 말에 우쭐해진 까마귀는 까악 까악 소리를 지르면 여우가 놀랄 거라고 생각해 싱긋 웃으면서 마침내 입을 열었다. 그러자 치즈 조각이 땅에 떨어졌고, 여우는 즉시 치즈를 집어 들었다. 그리고 까마귀에게 큰 소리로 말했다.

"확실히 너한테도 목소리는 있는 것 같네. 하지만 네 머리는 도대체 어디에 있는지 잘 모르겠는걸."

혹자는 아첨과 처세술을 구별하기가 쉽지 않다고 한다. 실은 전혀 다른 개념이다. 오스트리아의 신경학자 볼프 싱어Wolf Singer는 제3의 지능이라는 '사회성 지수Social Intelligence Quotient, SQ'를 제시한 바 있다. 이는 훈련을 통해 기를 수 있는 대인 관계 지능으로 자신의 의견을 곧잘 개진하면서도 타인의 생각과 감정을 빠르게 파악하는 능력이다. 소위 처세술이 뛰어난 이들은 이런 SQ가 발달해 있다. 상황 대처 능력이 남다르고 눈치가 빠르다.

아첨하는 사람은 오로지 자기 이익에만 신경이 집중되어 있고, 결정권자나 권력자의 생각을 파악하는 일에만 집중한다. 자신에게 실익이 없는 대상이 아니라면 전혀 신경 쓰지 않는다. 당연히 구성원 모두와 원만한 관계 맺기가 결코 쉽지 않다.

결국 아첨하는 사람은 조직 내 좋지 않은 영향을 끼친다. 평소에 지나치게 우리에게 밀착하여 접근하는 이들을 일단 경계해야 한다. 자신의 의견과 약점도 적절히 드러낼 줄 알고 적당한 거리에서 관계를 맺을 수 있는 사람들을 만나야 한다.

나답게 행복하게
관계 맺기 위하여

암사자

옛날에 모든 짐승 가운데서 누가 가장 새끼를 많이 낳는지를 두고 동물들이 말싸움을 벌이고 있었다. 그래서 그들은 암사자한테 가서 이 문제를 해결해 달라고 부탁하기로 했다. 짐승들이 암사자에게 물었다.

"어르신은 한 번에 새끼를 몇 마리 낳습니까?"

그러자 암사자가 그들을 무시하는 듯한 태도로 대답했다.

"한 마리만 낳지. 하지만 그 한 마리가 바로 사자거든."

326

사자는 얼마나 많은 수의 새끼를 낳느냐보다 그 새끼가 누구인지를 강조해 대답한다. 사자의 태도가 참 현명하다. 양보다 질을 중요하게 생각하니까 말이다.

한 방송에서 나는 '베프best friend'의 숫자가 몇 명쯤 되어야 성공한 인생이냐는 질문을 받은 적이 있다. 나는 즉시 단 한 명만 있어도 족하다고 답했다. 양보다 질이 중요하다는 뜻이었다.

우리는 양적인 크기가 최고를 결정하는 시대에 살고 있다. 조회수가 많을수록 스타 반열에 오르고, 팔로워가 많으면 많을수록 인기를 얻는다. 각종 매체에서 얻는 정보의 양도 막대하다. 이제 더는 카페에 가야 사람을 만날 수 있는 시대가 아니다. 지구촌 모든 게 연결된 초연결사회이기에 관계의 양도 가히 폭발적이다.

그러나 양의 홍수 속에서 자칫 놓칠 수 있는 게 바로 질의 문제이다. 초연결사회일수록 정보의 양보다 정보의 질이 중요하다. 다양한 맛으로 가득한 뷔페보다 하나의 음식이라도 잘하는 일품 맛집이 더욱 진한 만족감을 준다.

인간관계도 마찬가지다. 허수에 현혹되지 말자. 얼마나 많은 SNS 친구가 있느냐보다 내 마음속 깊은 이야기를 나눌 소수의 진짜 친구가 더 소중하다.

자루 두 개

예로부터 전해오는 이야기에, 모든 사람은 이 세상에 태어날 때 목 앞쪽과 뒤쪽에 한 개씩, 자루 두 개를 목에 걸고 태어난다고 한다. 두 자루에는 결점이 가득 들어 있다. 앞쪽 자루에는 이웃 사람의 결점이, 뒤쪽 자루에는 자기 자신의 결점이 가득 들어 있다. 그래서 사람들은 자신의 결점은 좀처럼 보지 못하지만 이웃의 결점은 놓치는 법이 없다.

우리 눈은 밖을 향하고 있어 항상 상대를 본다. 문제가 생기면 이러한 속성은 더욱 강해진다. 상대가 분명히 잘못해서 이런 불행이 생겼으니 나는 그저 억울할 뿐이다.

팀장은 팀원이 출근 시간에 늦으면 비난의 화살을 겨눈다. 팀원이 오늘따라 차가 막혀서 늦었다고 하면 더욱 화가 난다. "그 시간에 시내가 막힐 줄 몰랐어?"라고 몰아세우기도 한다.

그러나 그다음 날 팀원을 비난했던 팀장이 꽉 막히는 도로에 발이 묶여 늦게 되었다고 상상해보자. 팀장은 어제 자신이 팀원을 비난했던 일을 반성할까? 천만에. 그 사람은 다시 외부로 눈을 돌린다. "누가 이렇게 도로를 형편없이 설계했담!" "저 차는 왜 이렇게 끼어들어, 이러니 늦지!"

심리 상담은 비난의 화살을 자신에게로 돌려보는 일이다. 한 사람은 자신의 불행이 모두 부모 탓이라 여기고 평생 화를 내면서 살았다. 상담을 통해 그가 실은 부모에게 사랑받기를 간절히 원했지만 그러지 못해 상실감이 컸다는 사실을 알게 됐다. 부모를 바꿀 수 없어 불행한 줄 알았는데, 아니었다. 결국 자신의 상처를 보듬고 위로하는 일이 훨씬 더 중요한 치유의 과정이다.

늑대와 새끼 양

The Wolf and the Lamb

늑대 한 마리가 졸졸 흐르는 시냇물 상류에서 물을 마시고 있었다. 늑대는 조금 떨어진 하류 쪽에서 길 잃은 새끼 양 한 마리가 어슬렁거리고 있는 걸 보고 그 새끼 양을 잡아먹기로 결심했다. 그러곤 그럴듯한 구실을 궁리해 새끼 양을 향해 달려가면서 말했다.

"이 나쁜 놈 같으니라고! 어째서 감히 내가 마시고 있는 물을 흐려놓고 있는 거냐!"

그러자 새끼 양이 늑대에게 다소곳이 말했다.

"용서해주세요. 하지만 어떻게 제가 물을 흐려놓고 있다는 건지 모르겠습니다. 물은 제 쪽에서 아저씨 쪽으로가 아니라, 아저씨 쪽에서 제 쪽으로 흐르고 있으니 말입니다."

그러자 늑대가 새끼 양에게 말했다.

"좋아, 그런 건 아무래도 상관없어. 바로 1년 전에 넌 내가 없는 데서 마구 내 욕을 했다지."

새끼 양이 늑대에게 대답했다.

"1년 전이면 전 아직 이 세상에 태어나지도 않았는걸요."

그러자 늑대가 다시 새끼 양에게 대꾸했다.

"그래? 네가 아니라면 아마 네 어미가 그랬을 거다. 어쨌든 나한테는 마찬가지야. 변명을 늘어놓아 내 저녁거리를 빼앗으려 해도 아무 소용없어."

그러고 나서 늑대는 곧바로 힘없고 불쌍한 새끼 양에게 덤벼들어 양을 죽이고 말았다.

세상에는 타인을 이용하고 착취하는 사람들이 있다. 우리 사회에 존재하는 폭력, 따돌림, 갑질 현장에서 보는 가해자들이다. 이들은 항상 자신의 부도덕하고 파괴적인 행동을 정당화하려고 둘러댄다. "너는 어쨌든 큰 잘못을 했고, 그래서 나는 합당한 대응을 할 수밖에!" 이들의 모든 말은 사실상 '합리화'의 방어기제다.

때로는 엉뚱한 이유를 들어 사람을 죽이는 일까지 감행한다. 예수를 죽인 장본인이라면서 나치 정권이 수많은 유대인을 학살한 것이 단적인 예다. 그들의 합리화 논리는 늘 비합리적이다.

그러므로 이런 합리화에 대해 아무리 논리적으로 반박해봐야 아무 소용 없다. 불쌍한 새끼 양은 대화할 시간에 다른 양 무리로 얼른 도망을 갔어야 했다. 물이 어디로 흐르는지는 늑대에게 이미 합리적인 이성 밖의 일이기 때문이다.

이처럼 사악한 의도를 가진 이를 만난다면 처음부터 거리를 두는 것이 낫다. 이미 실질적 해를 입히려고 다가왔다면 여럿이 함께 모여 대응하는 게 좋다.

더욱 중요한 건 그들이 하는 거짓 변명에 논리적으로 대응하지 말고 자신의 마음을 단단히 지키는 것이다. 꼭 그런 늑대와 관계를 맺을 필요는 없다. 마음을 나누는 일은 다른 양들과 함께해도 충분하니 말이다.

늑대와 새끼 양

개와 수탉과 여우

The Dog, the Cock, and the Fox

개와 수탉이 함께 여행을 떠났다. 저녁이 되었을 때쯤 그들은 숲에 이르렀다. 수탉은 나무에 올라가 높은 가지 위에 앉았고 개는 나무 밑에서 졸았다. 마침내 날이 밝고 수탉이 늘 하던 대로 아주 큰 소리로 울자, 숲속 여우 한 마리가 그 소리를 들었다. 여우는 수탉을 아침 식사로 삼으려 마음먹었다. 그래서 여우는 나무에 접근해 나뭇가지 위를 올려다보며 수탉에게 말했다.

"넌 참으로 착한 수탉이야. 네 짐승 친구들한테 아주 쓸모가 있지. 그러니 나무 아래로 내려오렴. 우리 함께 아침기도를 드리고 재미있게 놀지 않으련?"

그러자 수탉이 여우에게 대답했다.

"친구야, 나무 밑으로 가서 우리 교회의 종지기한테 종을 울리라고 해줘."

그 말을 듣고 여우가 나무 밑에 가까이 다가가자 개가 즉시 여우에게 뛰어들어 여우를 죽였다.

여우는 교묘하고 수탉은 영리하며, 개는 충실하다. 여우는 자신의 교묘함이 누군가를 함정에 빠뜨릴 수 있다고 믿는다. 그래서 수탉을 잡아먹기 위해 속임수를 쓰기 시작한다. 신성한 아침기도를 드리자면서 말이다. 신성한 제안 속에 사악한 의도가 숨어 있다.

그러나 그의 교묘한 태도를 간파한 영리한 수탉에게는 이러한 계략이 전혀 통하지 않는다. 결국 여우는 자신이 판 함정에 오히려 자기가 빠지고 만다. 수탉의 말대로 교회 종지기를 찾아 나무 밑으로 가니 그곳에는 개가 있었다. 수탉의 충실한 친구인 개는 여우를 죽여버렸다. 영리한 수탉은 어떻게 위기에서 탈출할 수 있었을까?

교활한 상대를 만날 때는 먼저 상대의 의도가 무엇인지 간파해야 한다. 수탉은 여우의 교활한 아침기도 제안에 걸맞게 교회 종지기로 응수했다. 상대방의 프레임으로 상대하는 방식이 제대로 적중했다. 그리고 자신이 처한 상황에서 가장 적절히 대응할 수 있는 또 다른 자원을 차분하게 찾아본 것도 주효했다.

세상에는 위험하고 못된 사람만 있는 게 아니다. 충실하고 진실한 사람도 많이 있다. 어려운 세상에 좋은 사람과 함께한다는 건 가장 큰 자원이자 위기 극복의 동력이다.

농부와 뱀

The Farmer and the Snake

어느 겨울날 농부 한 사람이 집에 돌아오다가 뱀 한 마리가 추위에 몸이 얼어 울타리 밑에서 죽어가는 걸 발견했다. 농부는 측은한 마음에 뱀을 가슴에 품고 집으로 돌아와 따뜻한 난로 근처에 놓아주었다. 그러자 뱀은 오두막집의 따뜻한 온기로 기운을 회복하자마자 농부의 아내와 아이들을 공격하기 시작했다. 아내와 아이들이 지르는 비명을 들은 농부는 달려와 도끼를 집어 들고는 자신이 동정심으로 살려준 뱀이 죽을 때까지 도끼로 내리쳤다.

세상에는 도움을 받고 은혜를 갚는 사람이 있다. 그러나 어떤 이는 도움을 받고도 그 은혜를 금방 잊어버린다. 심지어 은혜를 입고도 배은망덕하게 상대를 배신하고 이용하기도 한다.

우리가 누군가에게 호의를 베풀 때 이 사람이 우리에게 고마워한다면 참 기분 좋은 일이다. 하지만 고마워하지 않아도 상관없다. 시작부터 선한 의도를 가지고 했다면, 그 자체로도 만족감을 느낄 수 있기 때문이다. 본시 높은 도덕성을 가진 행동이란 보상이 원래 목적이 아니다. 그저 선한 목적으로 시작한 동기 그 자체가 칭찬받을 일이다.

그러나 호의를 가지고 선을 행하면 할수록 그게 자기 권리라고 생각하는 사람이 있다면, 잠시 멈추고 생각해볼 일이다. 그런 사람은 심지어 우리의 영혼까지 빼앗고도 자신의 권리라고 여길 수 있기 때문이다.

이미 내 영혼이 파괴되고 있다고 느끼고 심지어 그 사람이 내 삶의 깊은 곳까지 침범해왔다면 최대한 빨리 내쫓는 것이 내 삶을 지킬 유일한 지름길이다. 그 사람은 이미 인간이길 거부한, 뱀 같은 존재니까.

복숭아와 사과와 블랙베리

The Peach, the Apple, and the Blackberry

복숭아와 사과가 둘 중에서 누가 더 예쁜지를 두고 겨뤘다. 그러나 서로 자신이 더 예쁘다면서 화를 내고 다툼이 걷잡을 수 없게 되자 블랙베리가 근처 덤불에서 고개를 내밀며 큰 소리로 외쳤다.

"이 시합은 너무 오랫동안 계속됐어. 이제 그런 어리석은 짓은 집어치우고 우리 모두 친구로 사이좋게 지내자!"

인간관계에서 다툼이 일어나는 일 중에 부질없는 주제가 적지 않다. 게다가 명쾌한 답이 없는 문제도 더러 있다.

누가 가정을 위해 더 많은 일을 하는지 논쟁을 벌이던 어느 부부를 상담한 적이 있다. 한 사람은 직장에서 일한 것도 포함해야 한다고 주장한다. 다른 한 사람은 집안일도 직장 일과 똑같이 힘든 일이라고 대꾸한다. 사실 답이 없는 논쟁이다. 게다가 상담사가 답을 준다고 해도 이 논쟁은 끝나지 않을 것이다.

이러한 논쟁보다 더 중요한 건 부부가 가정을 위해 각자 헌신하고 있다는 점을 인정하는 것이다. 그리고 이를 실천할 수 있는 단 하나의 방법은 서로 돕는 동반자가 되는 것이다.

미국에서 처음 부부 상담을 배울 때, 나는 미국의 '이혼 후 상담' 제도로 상담실을 찾은 부부들을 자주 만났다. 이미 남남이 된 사람들이다. 처음에는 그들이 재결합을 위해 상담실에 온 줄 알았다. 이혼 후 상담을 찾아온 부부는 대개 미성년자 자녀를 두고 있었는데, 법적으로는 남남이 되었어도 자녀를 양육하기 위해 동반자로, 협력하는 친구로 지내야 한다고 믿는다.

진정한 친구는 서로의 애씀을 고마워한다. 부부가 경쟁 상대가 아닌 동반자가 된다면 서로가 얼마나 가정을 위해 애쓰는지를 헤아리면서 잦은 분노 대신 잔잔한 고마움을 느낄 것이다.

나그네와 곰

두 친구가 함께 여행하다가 곰 한 마리를 만났다. 몹시 겁을 집어먹은 한 사람이 자기 동료가 있는 것도 잊고 재빠르게 나무에 올라가 몸을 감추었다. 다른 한 사람은 혼자서는 곰과 싸워 이길 승산이 없다는 걸 깨닫고 땅바닥에 쓰러져 죽은 척했다. 곰은 시체에는 절대 손대지 않는다는 얘기를 들은 적이 있기 때문이다. 그 사나이가 가만히 누워 있으려니까, 곰이 가까이 다가와 코와 귓가, 심장에다 입을 갖다 대고 킁킁 냄새를 맡았다. 그러나 이 사나이는 꼼짝도 하지 않고 숨을 죽인 채 가만히 있었다. 마침내 곰은 그 사람이 죽은 줄로만 알고 그냥 가버렸다. 곰이 완전히 보이지 않을 정도로 멀어지자 나무에 올라간 친구가 내려와 곰이 뭐라고 속삭이더냐고 물었다. 그러자 친구가 대답했다.

"뭐 대단한 비밀 같은 건 아니야. 친구를 조심해서 사귀라고 하더군. 어려운 처지에 놓인 친구를 버리는 그런 사람은 믿지 말라고 말일세."

요즘은 연락처만 저장해도 SNS상에서 자동으로 '친구'가 되어버린다. 친구의 홍수 시대, 그중에 누가 과연 나의 좋은 친구일까?

어려움은 누구도 겪고 싶지 않지만 그래도 역경이 가르쳐주는 중요한 지혜가 있다. 역경의 시간을 보내는 동안 누가 정말 좋은 친구인지를 깨닫게 해준다. 좋은 시기에는 친구가 가득하다. 그러나 어려운 시기를 함께 인내하면서 연대할 수 있는 친구는 매우 드물다.

나는 공감 empathy과 동감 sympathy의 차이를 자주 강조한다. 두 단어는 비슷해 보이지만, 영문의 접두어 어원을 분석해보면 차이가 역력하다. 동감은 친구가 곤경에 빠져 있을 때, 같은 same 감정을 느끼는 것이다. 하지만 공감은 다르다. 곤경의 자리까지 함께 내려가는 into 과정이다. 나무 위로 도망한 친구는 곰을 만난 친구의 곤경을 충분히 동감할 수는 있었겠지만, 위치는 매우 대조적이다.

역경의 시기에 우리의 친구들이 우리 가슴 얼마나 아래까지 내려와 만나는지를 유심히 관찰해보면, 누가 우리의 가장 좋은 친구인지 알 수 있다. 진짜 좋은 친구는 고통의 밑바닥까지 내려올 수 있는 공감하는 친구다.

강과 바다

The Rivers and the Sea

옛날 옛적에 여러 강의 줄기가 함께 모여 바다로 흘러가면서 강이 바다를 꾸짖었다.

"우리 강들이 신선하고 맛있는 물을 너한테 갖다주는데 너는 도대체 어째서 즉시 그 물을 짜고 맛없는 물로 만들어버리는 거야?"

강의 성격이 고약하다는 걸 잘 알고 있었던 바다는 그저 이렇게 대답할 뿐이었다.

"너희가 소금이 되는 걸 원치 않는다면 내 근처엔 얼씬도 하지 마."

배와 다른 신체 기관들

The Belly and the Members

아주 옛날에 인간의 신체 기관들은 지금처럼 서로 사이가 좋지 않았고 제각기 고집이 무척 세서 다툼이 잦았다. 어느 날 다른 신체 기관들은 배를 두고 게으르고 호사스러운 생활을 한다고 비난했다. 자신들은 배가 필요한 걸 채워주고 즐겁게 해주느라 너무 바쁘다는 것이다. 그래서 한번은 다른 기관들이 앞으로는 배가 필요한 것을 공급해주지 않기로 의견을 모았다. 손은 어떤 음식도, 심지어 빵 조각 하나 들어 올리지 않겠다고 선언했다. 입은 이제 더는 어떤 음식도 먹지 않겠다고 선언했다. 두 다리는 배를 한 장소에서 다른 장소로 이동시키지 않겠다고 선언했다. 그 밖의 다른 기관도 마찬가지였다.

이렇게 신체 기관들이 배를 굶겨 자기들 말을 잘 따르도록 만들 계획을 세우자마자, 그들은 곧 하나씩 힘이 빠지고 지쳐서 몸 전체가 쇠약해지기 시작했다. 그래서 신체 기관들은 비록 배가 부담스럽고 쓸모없어 보이지만 그 나름대로 중요한 기능을 한다고 확신하게 되었다. 배가 자기들에게 의존하는 것처럼 자기들도 배에 의존한다는 사실을 알게 된 신체 기관들은 몸을 건강한 상태로 유지하려면 서로의 이익을 위해 함께 일해야 한다는 걸 깨달았다.

신체 기관과 마찬가지로 생태계는 모든 개체가 서로 긴밀히 연결된 '시스템 system'이다. 곡식을 수확해 밥상에 음식이 올라오는 건 절대로 당연하지 않다. 자연 세계와 온 우주의 작품이다.

누구도 진공 속에 홀로 존재하지 않는다. 인간은 상호 연결되어 있다. 갈등과 반목의 시대에 인간 사이의 화합과 존중이 그 무엇보다 중요한 이유는 모두가 서로 연결되어 있기 때문이다.

상담 전문가들은 가족도 가장 긴밀하게 연결된 하나의 시스템으로 이해한다. 아이의 문제는 결코 아이가 소유한 문제가 아니다. 아이에게 문제가 있다고 아이를 상담실로 데려온 경우, 그 아이의 문제를 찾기 위해 심리 검사부터 무턱대고 하지 않는다. 아이의 문제는 가족 시스템 전체와 연결되어 있다고 믿기 때문이다.

가장 먼저 부모부터 만난다. 아빠와 엄마의 관계부터 살피고, 두 사람의 의사소통 방식, 아이와의 관계와 소통 방식을 두루 살핀다. 엄마와 아빠가 서로 갈등하면 아이는 커다란 불안과 공포를 느낀다. 아이는 직감적으로 자신의 생존이 시스템 전체의 안정과 연결돼 있다는 걸 잘 알기 때문이다. 부모가 화해한 후 아이의 불안이 현저히 떨어지는데 이는 가족 시스템의 당연한 이치다.

병든 수사슴

나이가 들어 **뼈마디**가 **빳빳하게** 굳는 병에 걸린 수사슴 한 마리가 있었다. 그는 편하게 풀을 뜯어 먹을 수 있도록 숲 주변 풀이 무성하게 자란 목초지 위에 누워 지내기로 했다. 그 수사슴은 이웃들에게 언제나 친절했기 때문에 많은 짐승이 그를 찾아와 병문안했다. 그런데 찾아온 짐승들이 조금씩 풀을 뜯어 먹자 결국에는 풀이 한 포기도 남지 않았다. 수사슴은 병이 나았지만 정작 먹을 게 없었다. 수사슴은 늙어서 병 때문이 아니라, 친구들이 먹이를 다 먹어 치우는 바람에 먹을 게 없어 목숨을 잃고 말았다.

누군가를 돕는 건 참 좋은 일이다. 그러나 지나치면 결국 나 자신을 해할 수도 있다. 타인에게 친절하게 대하는 것도 중요하지만 그만큼이나 자기를 돌보는 일도 중요하다.

수사슴은 병문안 온 짐승들이 자기 주위에 있는 풀을 뜯어 먹도록 내버려두었다. 자기를 찾아온 짐승들은 무자비하게 모든 풀을 먹어버렸고 결국 수사슴은 병이 아닌 먹을 것이 없어 죽고 말았다. 누군가를 돌보는 힘은 나 자신이 가진 삶의 에너지를 토대로 한다. 나를 돌보지 않는데 내가 누구를 돌볼 수 있겠는가?

종종 많은 친구를 챙기느라 피곤하다는 사람들을 만난다. 소위 관계에 권태를 느끼는 '관태족'이 되어 새로운 관계 맺는 일은 이제 포기해야겠다고 허탈해한다. 이런 이들의 처지를 가만히 듣다 보면 아직도 더 많은 친구와 친밀한 관계를 만들지 못해 불안해하는 마음이 더 크다.

많은 이가 자기 자신부터 돌보고 자신이 진정 원하는 바를 친구에게 부드럽게 전달하는 일을 어려워한다. 자신의 욕구를 꼭꼭 숨기고 친구들을 최우선으로 두는 일은 어리석다. 결국 '관태족'이 되고 만다. 일단 깊은 연민을 가지고 가장 먼저 돌봄을 제공해야 할 대상은 바로 우리 자신이다. 그래야 다른 사람을 돌보는 가운데서도 당당하게 자기주장을 할 힘이 생긴다.

바람과 해

The Wind and the Sun

바람과 해 사이에서 둘 중 어느 쪽이 더 힘이 센지를 두고 말다툼이 벌어졌다. 그래서 그들은 시합을 벌여 승자를 가리기로 했다. 둘은 어느 쪽이든 나그네가 외투를 벗게 하는 쪽이 더 힘이 세다고 인정하기로 했다.

우선 바람이 온 힘을 다해 알래스카 폭풍처럼 차디차고 무서운 강풍을 불어댔다. 그러나 바람이 강하게 불면 불수록 나그네는 더 단단히 외투를 몸에 휘감고 손으로 세게 외투를 감쌌다.

다음으로 해가 얼굴을 내밀었다. 해는 그 화사한 햇살로 구름과 추위를 몰아냈다. 그러자 나그네는 갑자기 몸이 더워지는 걸 느꼈다. 그리고 해가 점점 햇볕을 강하게 비추자, 나그네는 더위를 견딜 수 없어 외투를 땅에 벗어 던지고 앉았다. 이렇게 해서 해가 이 시합에서 승리를 거두었다.

가장 효과적인 설득이란 무엇일까? 날카로운 논쟁과 비판은 상대방이 마음의 문을 더욱 닫게 만든다. 상대방이 완전히 틀렸다는 사실을 증명하더라도 그 사람은 여전히 외투를 휘감은 채 자신을 보호하려고 할 것이다.

오히려 상대방을 제대로 설득하려면 먼저 상대의 동의가 필요하다. 그 사람이 먼저 마음의 문을 열어야 한다는 것이 전제다. 따뜻한 환대와 수용은 지금 설득하려는 자가 자신의 적이 아님을 깨닫게 한다. 우리는 친밀한 이의 조언에는 귀를 기울인다.

본시 설득이란 상대방의 생각이 틀렸으니 자기 생각으로 바꿔버리려는 게 아니다. 오히려 그 사람이 먼저 마음을 움직여 스스로 자신을 돌이킬 수 있는 공간을 제공해주는 것이다. 그 공간이란 바로 따뜻한 공감의 토대에서 일어난다.

가끔 묵비권을 행사하던 피의자도 자신에게 공감하는 프로파일러에게는 범행을 털어놓는데 이 역시 같은 이치다. 프로파일러가 자주 쓰는 용어는 "오죽하면"이라고 한다. 피의자를 무섭게 다그치는 말보다, 오죽하면 그런 일을 벌였겠냐고 이해해주면 굳게 닫힌 마음의 문이 서서히 열린다.

숯 굽는 사람과 천 짜는 사람

The Charcoal-Burner and the Cloth-Fuller

숯 굽는 사람이 천 짜는 사람에게 자기 집에 필요 이상으로 방이 많으니 자기 집에 와서 함께 지내자고 제안했다. 그러자 천 짜는 사람이 대답했다.

"고맙지만 자네 청을 받아들일 수가 없네. 내가 천을 짜서 깨끗하고 하얗게 만들기가 무섭게 자네는 그걸 검게 만들어버릴 테니까."

아버지와 두 딸

The Father and His Two Daughters

두 딸을 둔 아버지가 있었다. 첫째 딸은 정원사와 결혼했고, 둘째 딸은 옹기장이와 결혼했다. 얼마 뒤 아버지는 정원사와 결혼한 딸을 방문해 어떻게 지내고 있는지, 별문제 없는지 안부를 물어보았다. 그러자 딸이 아버지에게 대답했다.

"아주 행복해요. 부족한 게 하나도 없어요. 지금 당장 필요한 게 한 가지 있다면, 꽃과 나무에 물이 필요하니 비가 많이 내렸으면 좋겠어요."

그런 뒤 아버지는 이번에는 옹기장이와 결혼한 딸네 집을 방문하여 잘 지내고 있는지 물었다. 그러자 그 딸이 이렇게 대답했다.

"부족한 게 하나도 없어요. 다만 이렇게 맑고 따뜻한 날이 계속됐으면 좋겠어요. 그래야 질그릇이 잘 구워지거든요."

그러자 아버지가 딸에게 말했다.

"이것 참 딱한 일이로고! 너는 날씨가 화창해지기를 바라고, 네 언니는 비가 내리기를 바라니, 이를 어떻게 한단 말이냐?"

351

일찍이 공자는《명심보감》에서 모든 사람을 다 만족시킬 수 있는 일은 없다고 말했다. 아무리 의롭고 현명한 사람이라도 세상의 모든 사람을 만족시킬 수는 없다. 두 딸의 바람을 동시에 만족시키려는 아버지의 딜레마도 충분히 이해할 수 있다.

말콤 글래드웰Malcolm Gladwell은 그의 책《티핑 포인트Tipping Point》에서 우리 주위의 누군가가 죽었을 때, 그의 죽음으로 망연자실하게 되는 주위 사람들의 숫자는 평균 12명 정도라고 말한다. 결국 소수의 사람만이 서로 감정을 공유하고, 친밀하고 끈끈한 관계를 맺는 '공감 집단'을 이룬다는 의미다.

우화의 아버지가 두 딸과 공감 집단을 못 이룰 이유는 전혀 없다. 굳이 날씨의 변화에 민감할 필요가 없다. 비 오는 날에는 옹기를 굽지 못하는 둘째 딸의 마음을 따뜻하게 위로해주면 된다. 맑은 날에는 비를 기다리는 큰딸의 걱정을 함께 공유한다.

가족이라고 저절로 공감 집단 안에 들 수 있는 건 아니다. 걱정과 염려를 함께 나누는 감정 공유의 경험이 중요하다.

사자와 돌고래

The Lion and the Dolphin

사자 한 마리가 바닷가를 어슬렁거리며 돌아다니다가 물가에서 햇볕을 쬐고 있는 돌고래 한 마리를 보고는 동맹을 맺자고 제안했다. 사자는 돌고래에게 말했다.

"나는 백수의 왕이고 자네는 바다에 사는 모든 생물을 다스리는 왕이니 가능하다면 우리는 좋은 친구요 동맹자가 되어야 할 걸세."

돌고래는 사자의 제안을 받아들였다. 그리고 얼마 뒤 사자는 들소와 한바탕 싸움을 벌이면서 돌고래에게 약속한 대로 도와달라고 부탁했다. 돌고래는 기꺼이 사자를 도와주려고 했지만 자신은 동맹자를 돕기 위해 물 밖으로 나갈 수가 없다는 사실을 깨달았다. 사자는 돌고래를 배신자라고 몰아붙였다. 그러자 돌고래가 사자에게 말했다.

"나를 그렇게 탓하지 말게나. 내 타고난 본성을 탓하라고. 내가 바다에서는 아무리 힘이 세다고 해도 육지에서는 본성적으로 무력할 수밖에 없지 않은가 말일세."

여우와 황새

어느 날 여우가 황새를 저녁 식사에 초대했다. 여우는 자기 손님을 재미있게 놀려주고 싶은 나머지 크고 얇은 접시에 담은 약간의 묽은 수프 말고는 아무것도 식사로 내놓지 않았다. 여우는 그 수프를 아주 쉽게 핥아 먹었지만, 황새는 가늘고 긴 주둥이로 수프를 한 방울도 입에 넣을 수가 없었다. 결국 식사가 다 끝난 뒤에도 황새는 처음 식사를 시작할 때와 마찬가지로 배가 고팠다.

한편 여우는 짐짓 황새가 음식을 좀체 먹지 않는 걸 몹시 유감스러운 척하면서 음식이 맛이 없어 그런 게 아닌지 모르겠다고 말했다. 황새는 아무 말도 하지 않고 곧 여우에게 자기 집을 방문해주면 영광이겠노라며 여우를 초대했다.

여우는 그 초대를 기꺼이 받아들여 일주일 뒤 약속한 정확한 시간에 황새의 집에 나타났다. 황새는 곧바로 음식을 내왔다. 그런데 음식은 목이 가느다란 병에 담겨 있어 여우에게는 여간 실망스럽지 않았다. 황새는 그 병의 목 안으로 기다란 주둥이를 집어넣었지만 여우는 병의 모가지를 핥는 걸로 만족할 수밖에 없었다. 여우는 허기진 배를 붙잡고 정중히 황새의 집을 나왔다. 그러면서 자기한테 받은 대로 갚았을 뿐이니 황새를 탓할 수도 없다고 생각했다.

우리는 황금률golden rule을 잘 알고 있다. 여러 종교와 도덕, 철학에서 찾아볼 수 있는 원칙 중 하나로 다른 사람이 나에게 해주었으면 하는 행동을 자신이 먼저 하라는 윤리 원칙이다. 특히 기독교의 《신약성경》에서 "남에게 대접받고자 하는 대로 너희도 남에게 대접하라"라는 구절이 유명하다.

공자도 《논어》에서 "기소불욕 물시어인己所不欲勿施於人", 즉 자기가 하기 싫은 일은 다른 사람에게도 시키지 말라고 했다. 《성경》과 《논어》에서 공통으로 강조하는 핵심은 인간관계에서 '역지사지'와 '공감'의 중요성이다.

최근의 연구를 살펴보면 공감 능력이 체계적인 훈련과 학습으로 향상될 수 있다는 보고가 잇따른다. 따라서 누구든지 이미 성인이라도 아직 희망은 있다. 지금부터 연습하고 노력하면 공감 능력을 얻을 수 있으니 말이다.

어린 자녀들을 양육하는 부모라면 더더욱 기쁜 소식이다. 자녀들이 공감 능력을 발달시킬 수 있도록 오늘부터 일상 대화 속에서 지속해서 학습의 기회를 줄 수 있다. "그때 그 친구의 마음이 어땠을 거 같아?", "네가 그 친구라면 그럴 때 기분이 어떨 거 같니?"와 같이 말이다.

농부와 황새

한 농부가 갓 뿌려놓은 옥수수를 먹으러 오는 두루미들을 잡으려고 밭에 그물을 쳤다. 얼마 후 농부가 그물을 살피러 가자, 두루미들과 함께 황새 한 마리가 그물에 걸려 있는 게 보였다. 황새가 울면서 농부에게 애원했다.

"제발 저를 살려주세요! 전 두루미가 아니에요. 저는 아저씨 밭에 있는 옥수수 같은 건 한 톨도 먹지 않았습니다. 아저씨도 아시다시피 저는 아무 죄 없는 불쌍한 황새입니다. 새들 가운데서도 가장 신뢰가 두텁고 온순한 새지요. 저는 제 아버지와 어머니를 공경하고 존경합니다. 또한 저는……."

그러나 농부는 황새의 말을 가로막았다.

"그래 네 말이 모두 사실일지 몰라. 하지만 넌 내 농작물을 망치던 놈들과 함께 붙잡혔다는 사실을 알고 있겠지. 그 녀석들과 함께 어울리고 있었으니 그놈들과 똑같은 운명을 맞이한 거야."

357

사람은 환경의 영향을 참 많이 받는다. 그리고 그 환경 중에서도 단연 가장 큰 영향을 주는 게 바로 주변 사람들이다. 우리가 공부를 잘하고 싶다면 공부를 잘하는 사람들과 만나야 한다. 수영을 잘하고 싶다면 수영을 좋아하는 사람들과 만나야 한다. 반대로 도둑질하는 사람과 같이 있다면 자신도 모르게 범죄 행동을 모의하게 될 것이다.

우리의 정체성은 결코 진공 상태에서 만들어지지 않는다. 우리가 누구이고 어떤 행동을 하는지를 살펴보는 가장 좋은 방법은 우리 주위에 누가 함께 있는지 돌아보는 것이다.

가끔 은둔형 삶을 살면서 외톨이로 지내는 사람들이 있다. 그 주변에는 아무도 없어 보이지만, 그들의 과거를 역추적하다 보면 누군가에게 엄청난 심리적 외상을 겪은 경우가 참 많다. 더는 주변 사람에게 어떠한 상처도 받지 않겠다는 최후의 방어기지를 구축 중인 것이다.

하지만 누구나 자기 모습을 있는 그대로 드러낼 수 있는, 그래서 나를 나답게 해주는 사람 한 명쯤은 꼭 필요하다. 그럴 때 자신만의 감옥에서 스스로 나올 수 있다.

제우스와 꿀벌

세상이 창조된 지 얼마 되지 않은 먼 옛날 꿀벌 한 마리가 벌집을 풍성한 꿀로 가득 채운 뒤 하늘로 올라가 신에게 꿀을 제물로 바쳤다. 제우스는 선물을 받고 너무 기뻐서 꿀벌에게 원하는 게 있으면 뭐든지 다 들어주겠다고 약속했다. 그러자 곧바로 꿀벌이 이렇게 대답했다.

"오, 저를 창조하시고 주인이 되시는 영광스러운 제우스여, 저는 보잘것없는 꿀벌입니다. 당신이 이 종에게 독침을 주셔서 누구든지 꿀을 뺏으려 벌집에 가까이 오는 사람을 현장에서 즉시 죽일 수 있도록 해주십시오."

제우스는 인간을 너무나 사랑하는 터라 꿀벌의 부탁을 듣고 화가 나서 이렇게 대답했다.

"네 청을 들어주겠다만 네가 원하는 대로 들어줄 수는 없다. 너에게 독침을 주마. 하지만 네 꿀을 빼앗으려고 찾아오는 누군가를 네가 공격하면, 그 상처는 그 사람뿐만 아니라 너한테도 치명적일 거야. 넌 독침을 쓰는 동시에 목숨도 잃어버릴 테니까."

당신이 길을 걷고 있는데 누군가 당신에게 "인생 똑바로 살아!"라고 삿대질을 한다고 상상해보자. 가만히 살펴보니 제 몸도 못 가누는 술주정뱅이다. 그렇다면 당신이 고주망태가 된 사람에게 가서 구태여 사과하라며 따지거나 싸움을 벌일 필요가 있을까?

술에 취한 사람이 우리에게 시비를 걸거나 싸움을 벌이려고 한다면 조용히 물러서서 제 갈 길을 가는 게 가장 좋다. 말다툼도 합리적인 사람과 하는 것이다. 우리가 혼내주지 않아도 그 사람은 언젠가 자신의 독침으로 꿀벌처럼 스스로 무너질 수 있다.

세상에는 매사 불만으로 가득 찬 사람들이 있다. 적대감으로 똘똘 뭉쳐 있어서, 누군가를 공격하려고 날카로운 독침을 가지고 다니는 사람도 있다. 그런 사람과 붙어서 싸우기 시작하면 우리도 만신창이가 되고 만다. 제일 나은 방법은 그냥 거리를 두고 제 갈 길을 가는 거다.

심리학적으로 거리를 두는 일은 상대방의 행동을 판단하지 않고, 마치 동영상을 찍듯이 중립적으로 관찰하는 일이다. '심리적 거리 두기'는 상대방의 부적절한 언행으로 불쾌한 기분에 휩싸여 우리의 감정이 동요하지 않도록 해주는 탁월한 기술이다. 사회적 거리 두기 방역 지침은 사라졌어도 '심리적 거리 두기'는 계속 실천해볼 만하다.

황소와 도축업자

The Oxen and the Butchers

옛날 옛적에 소들이 회의를 열어 자기들을 죽이는 기술을 지닌 도축업자들을 없애버리기로 했다. 소들이 투쟁을 위해 뿔을 날카롭게 갈고 있을 때 오랜 세월 쟁기를 끌며 일해온 아주 나이 많은 황소 한 마리가 말했다.

"동지 여러분, 지금 무슨 일을 하는지 신중하게 생각해야 합니다. 적어도 이 도축업자들은 예의를 갖추고 솜씨 있게 우리를 죽이지만, 만약 우리가 도축업자 대신 서투른 일꾼들의 손에 넘어간다면 죽음의 고통을 두 배로 맛보게 될 거예요. 정말이지 인간들은 도축업자 없이는 살아도 소고기 없이는 살 수 없으니 말이오."

늘 폭력과 살생을 당해온 소들은 자기를 해치려는 도축업자를 죽이자고 한다. 그러나 나이가 많은 소는 오히려 그 선택이 죽음의 고통을 더욱 가중할 뿐이라고 한다. 소들은 미숙하고 나이 많은 소는 무기력하다.

인간관계의 현실도 유사하다. 자신을 괴롭히는 대상과 관계를 단절하면 그걸로 끝날 줄 아는데, 그렇지 않다. 특히 그 대상이 가족이라면 더더욱 끝나지 않는다. 자녀에게 폭력을 행사한 부모라도 병 들면 자식이 돌봐야 하는 경우가 허다하다.

한 내담자가 찾아와 자신을 평생 괴롭히던 부모를 이제는 봉양하게 되었다고 한다면, 그 내담자에게 가족 상담 전문가는 어떻게 말해줘야 할까? 내담자는 이제 성인이 되어 부모와 완전히 절연하고 싶은데 그럴 수 없고, 이민이라도 가고 싶은데 그 역시 힘들다고 한다. 마치 소들이 인간이 없는 오지나 소를 먹지 않는 인간 세계로 도망갈 수도 없는 처지인 것처럼.

상담 전문가는 그런 내담자가 인연을 끊거나 도망가게 하기보다 자신의 잃어버린 과거 상처를 충분히 보살피고, 지금이라도 부모에게 그런 상처를 드러낼 수 있도록 돕는다. 그래야 노인이 된 부모와 새로운 관계를 시작할 수 있기 때문이다.

염소지기와 염소

The Goatherd and the Goats

폭풍이 몰아치고 눈이 몹시 내리는 어느 날 염소를 치는 사람이 온통 눈송이로 뒤덮인 염소들을 데리고 동굴로 피신했다. 그런데 그 동굴 속에는 이미 자기 염소들보다 몸집이 더 크고 더 많은 수의 들염소가 피신하고 있었다. 염소 치는 사람은 들염소들이 자기 염소들보다 몸집도 크고 잘생긴 것에 감탄해 자기 염소들을 그냥 내버려둔 채 들염소들을 돌보기로 마음먹었다.

염소지기는 자기 염소들에게 먹이려고 가져온 나뭇가지를 들염소들에게 대신 먹였다. 며칠 후 마침내 날이 갠 아침, 잠에서 깬 염소지기는 자기 염소들은 배고파 굶어 죽고 들염소들은 언덕과 숲속으로 달아나버렸다는 사실을 알아차렸다. 마을에 돌아온 염소지기는 들염소들을 잡지도 못했을 뿐만 아니라 자기 염소들마저 잃어버렸다고 마을 사람들에게 조롱받았다.

인생을 계산적으로 살면 자신에게 매우 유리할 것 같지만 사실은 그렇지 않다. 염소지기는 자기 염소보다 더 몸집이 크고 잘생겼다는 이유로 냉정하게 자기 염소들을 버리고 들염소를 돌보기로 했다. 염소지기의 계산은 언뜻 보면 합리적이다. 들염소가 더 값이 나갈 수 있기 때문이다. 그러나 삶은 그렇게 계산대로만 흘러가지 않는다. 그는 자기 염소와 들염소 모두를 잃는다.

인간관계도 계산적으로 하는 사람이 있다. 그런 사람은 언제든지 수지타산이 안 맞으면 지금의 친구를 저버리고 다른 친구에게로 옮겨간다. 그러나 인간관계는 수리적 계산 방식이 통하지 않을 때가 많다. 계산도 틀리고 신망도 잃어 모든 걸 다 잃어버릴 수 있다.

인간관계를 좌우하는 역량은 지능 지수intelligence quotient, IQ가 아니라, 정서 지수Emotional Quotient, EQ다. 지능 지수가 높아 계산과 논리력이 뛰어난 사람이 관계를 잘 맺는 것이 아니기 때문이다. 정서 지능은 보이지 않는 타인의 감정을 헤아려 보고 조율하는 능력이다.

이런 정서 지능이야말로 관계를 맺을 때 상대방이 매력을 느끼게 하는 가장 중요한 요소다. 자신과 타인의 감정을 잘 이해하는 사람만이 인간관계의 달인이 된다.

과부와 양

옛날에 가진 거라고는 오직 양 한 마리밖에 없는 과부 한 사람이 살고 있었다. 양털을 최대한으로 이용하고 싶었던 과부는 양털을 너무 바싹 깎는 바람에 양털과 함께 피부까지 깎아버리고 말았다. 그러자 양이 고통스러워하며 소리를 질렀다.

"왜 제게 이렇게 고통을 주는 겁니까? 제가 흘린 피가 양털 무게에 얼마나 보탬이 될까요? 제 살을 원한다면 차라리 도살자를 부르세요. 그러면 저는 즉시 이런 비참한 삶에서 벗어날 수 있을 겁니다. 하지만 주인님이 원하는 게 제 양털이라면 피를 흘리지 않고 털을 깎을 수 있는 기술자를 부르시지요."

사람이 어려운 상황에 처하면 본의 아니게 가까운 이에게 상처를 준다. 이러한 상처가 반복되면 왜 나에게 상처를 주냐며 크게 싸우게 된다. 서로 상대를 비난하기 일쑤다.

우화에서 양은 과부를 원망한다. 그러나 가만히 보면 과부가 과도한 욕심을 부려 그렇게 양털을 바싹 깎은 것만도 아니다. 양이 미워서 그런 것은 더더욱 아니다. 오히려 충분히 일어날 수 있는 실수였다. 누구도 상대방에게 상처를 주려는 나쁜 의도는 전혀 없었다. 오히려 지나치게 가난해서 이런 일이 발생했다고 볼 수도 있다.

그러므로 서로를 비난하기보다는 상호 조율이 필요하다. 서로 조율하는 일에 필수적인 과정이 있다. 각자의 욕구를 드러내고 그런 욕구를 적절하게 충족할 수 있는 협력 방안을 도출하는 일이다.

"당신은 지나치게 이기적이야"라고 비난하기보다는 "나는 당신이 이렇게 해주면 좋겠어(욕구)" 혹은 "어렵지만, 우리가 할 수 있는 어떤 가능한 방법이 있을까?(협력 방안)"와 같은 대화는 서로에게 힘을 준다. 어려운 현실을 함께 견디기 위해서는 늘 소중한 이와 함께하는 협력적인 관계가 무엇보다 중요하다.

해의 결혼

옛날 옛적 날씨가 몹시 무더운 여름날 해가 곧 결혼할 거라는 소문이 동물들 사이에 퍼졌다. 온갖 새와 짐승이 모두 이 일을 생각하자 기분이 좋았다. 특히 개구리들은 해의 결혼을 축하해주려고 마음먹고 있었다. 그런데 나이 먹은 두꺼비 한 마리가 이 일이 기뻐하기보다 오히려 슬퍼해야 할 일이라고 말하면서 즐거운 잔치 분위기에 찬물을 끼얹었다. 두꺼비가 말했다.

"해 하나만 있어도 늪지를 바짝 말려버리는 바람에 우리가 여간 힘든 게 아니라네. 그런데 결혼해서 열두서 명이나 되는 어린 해를 만들어낸다면 도대체 우리는 어떻게 되겠는가?"

만약 이 우화대로 해가 결혼하고, 많은 해를 만들어낸다면 이는 지구 전체의 위기가 아닐 수 없다. 누군가의 행복이 지구 전체에 재앙이 되는 것이다.

최근 환경 이슈를 다루는 한 다큐멘터리 방송에서는 지구 북반구의 잘 사는 나라들이 너무 많은 탄소를 배출하여 결국 남반구에 사는 나라들이 고스란히 피해를 입는 현실을 고발했다.

인간관계도 마찬가지다. 우리가 맺은 관계도 서로 긴밀하게 연결되어 있어서 작은 언행도 다른 사람에게 큰 영향을 미친다. 개인으로 보면 미미한 행동이지만, 나비 효과처럼 영향력이 크며 타인에게 큰 타격이 되기도 한다.

갈등이 있는 가족 구성원들에게 가족 상담 전문가는 대화 중 상대방 언행의 영향력impact을 먼저 표현하도록 코칭한다. 상대의 언행을 직설적으로 비난하기보다, 상대방의 언행이 자신에게 주는 영향을 밝히면 서로가 대안적인 행동을 찾아 실천할 수 있도록 도와주기 때문이다.

예컨대 "난 당신이 소리 지르는 게 제일 싫어!"라며 비난하는 대신, "당신이 언성을 높일 때마다 난 자꾸 불안해지거든, 조금만 소리를 낮춰줄 수 없을까?" 하고 영향력을 강조하면 유익한 완충 작용을 해서 바람직한 대안을 찾을 수 있다.

말구유 안의 개

The Dog in the Manger

개 한 마리가 말구유 안에 잠자리를 마련해놓고, 말들에게 으르렁대고 짖으면서 여물을 먹지 못하게 했다. 그러자 말 한 마리가 말했다.

"참으로 못된 개로구나! 자기가 건초를 먹지 못한다고 그걸 먹을 수 있는 다른 짐승까지 못 먹게 하다니!"

우리 자신이 즐길 수 없다는 이유로 다른 사람들의 즐거움까지 훼방해서는 안 된다. 인간관계 안에서는 늘 입장의 차이가 존재한다. 나에게는 타당하지만, 상대방에게는 그렇지 않을 수 있다는 사실을 늘 염두에 두는 마음의 자세가 필요하다.

이런 감정 이입 혹은 공감의 태도는 꾸준한 연습으로 기를 수 있는 덕성이다. 자신에게는 흔쾌한 일일지라도 다른 사람의 입장에서 생각하는 법을 연습해보자. 《맹자》〈이루離婁〉에 나오는 '역지즉개연易地則皆然'에서 유래한 '역지사지易地思之'를 떠올리자. 역지사지란 뜻의 재미있는 영어 표현은 'Put yourself in someone's shoes', 즉 다른 사람이 신고 걸어온 신발을 당신이 신어보기 전에는 절대 판단하지 말라는 의미다.

가끔 "난 원래 공감 잘 못 해"라고 말하는 이들을 만나게 된다. 원래부터 못 하는 사람은 없다. 상대편과 처지를 바꾸어 헤아려보는 일은 부모와 자녀, 남편과 아내, 친구 사이 등 거의 모든 인간관계에서 매일 연습해봐야 하는 습관이다. 못 하는 것이 아니라 전혀 시도하지 않는 것이다.

지금이라도 늦지 않았다. 평소에 역지사지의 태도를 연습하는 사람들만이 공감의 달인이 될 수 있다.

두 항아리

진흙으로 빚은 항아리와 놋쇠로 만든 항아리가 홍수로 강물에 떠내려가고 있었다. 놋쇠 항아리가 진흙 항아리에게 자기 옆에 함께해주면 그를 지켜주겠다고 말했다. 그러자 진흙 항아리가 놋쇠 항아리에게 말했다.

"자네의 제안은 고맙네. 하지만 그거야말로 바로 내가 두려워하는 거라네. 자네가 멀리 떨어져 있어준다면 나는 무사히 하류 쪽으로 떠내려갈 걸세. 하지만 우리가 서로 맞부딪히는 날이면 나는 틀림없이 지독한 변을 당하고 말 걸세."

피할 수 있는 분쟁은 미리 피해서 예방하는 게 좋다. 언제든지 문제가 벌어진 이후에 하는 뒤늦은 후회는 예방보다 못하다. 또한 문제가 일어난 후 수습하는 데에는 많은 어려움이 따르지만 예방에는 비교적 적은 에너지가 든다.

진흙 항아리는 지혜롭게 놋쇠 항아리의 친절한 제안을 거절했다. 자기 생명을 지키기 위한 예방 차원의 거절은 사실 진흙 항아리에게는 생존의 문제였다. 때로 나와는 성향이 너무 맞지 않고 지나치게 자기 자아가 강한 친구는 거리를 두는 편이 더 낫다.

보통은 상대 눈치를 보면서 '지금 헤어지자고 하면 상처받겠지?' 혹은 '솔직하게 말하면 무안하겠지?'라고 머뭇거리다가 시기를 놓쳐서 결국 불필요한 상처를 주고받을 수 있다. 현명한 진흙 항아리는 그걸 미리 알고 적시에 적절히 대처했다.

건강한 관계 맺음을 위해 때로는 거리 두기가 필요하다. 거리 두기는 상대방을 위해서도 필요하다. 잠시 거리를 두면서 하류까지 무사히 가면 진흙 항아리와 놋쇠 항아리는 다시 친구가 될 수도 있기 때문이다. 우리도 진흙 항아리의 제언처럼 말해보자. "자네가 다가오는 건 참 고맙지만, 내가 지금은 잠시 혼자 있고 싶네. 내가 다시 연락할 때까지 시간을 가지면 어떨까?"

어부와 흙탕물

한 어부가 물고기를 잡으러 강에 나갔다. 그는 물고기를 그물 안으로 몰려고 기다란 줄에 돌멩이 하나를 묶어 그물 양쪽으로 강물을 내려쳤다. 한편 이웃에 사는 사람은 어부의 이런 행동에 놀라서 그를 찾아왔다. 이웃 사람은 어부가 강물을 흐려놓아 흙탕물이 되어서 물을 마실 수가 없다고 책망했다. 그러자 어부가 말했다.

"불편을 끼쳐 죄송합니다. 하지만 전 강물을 흙탕물로 만들지 않고서는 먹고살아갈 수가 없답니다."

먹고 먹히는 관계로 얽히고설킨 생태계는 때론 참 잔인하게 느껴지기도 한다. 어부와 이웃 사람의 우화는 인간 세상의 역설적 단면도 잘 보여준다. 한 사람의 생계 수단이 오히려 다른 사람에게는 생존에 방해가 될 수도 있으니 말이다.

최근 기후 위기와 함께 지구의 미래를 걱정하는 환경론자들이 많다. 인간의 식탁을 풍성하게 하기 위해 수많은 짐승이 탄소를 배출하면서 희생되고 있다. 인간이 편의를 위해 무부분별하게 사용하고 버린 플라스틱 쓰레기 때문에 수많은 해양 생물 역시 극심한 고통을 받고 있다.

가족 상담 전문가들은 가족 관계에서도 특정 구성원들의 희생을 너무도 당연시하는 신화가 숨어 있다고 지적한다. 예컨대 아내의 희생이 있어야 남편이 성공한다는 신화, 엄마의 희생이 있어야 아이들이 건강하게 성장한다는 신화 등이다.

최근 생태계나 지구의 미래를 논할 때 가장 중요한 화두는 '공생'과 '공존'이다. 마찬가지로 가족 상담 전문가들도 '공존'과 '협력'의 가치가 희생보다 중요하다고 강조한다. 아내나 엄마 혹은 누군가의 희생이 아니라 부부의 평등한 공존과 가족 구성원 모두의 협력이 보다 중요한 시대다.

나그네들과 손도끼

The Travelers and the Hatchet

두 사나이가 함께 여행하던 중 한 사람이 손도끼 하나를 주워 들고 소리
쳤다.

"내가 발견한 물건을 보게나."

그러자 다른 한 사나이가 말했다.

"'내가'라는 말은 하지 말게. '우리가' 발견한 물건이라고 해야지."

얼마 뒤 그 손도끼를 잃어버린 사람이 와서 그걸 주운 사나이에게 자기
손도끼를 훔쳤다고 비난했다. 그러자 비난받은 사나이가 같이 길을 가던 사
나이에게 말했다.

"아, 우리가 당했군!"

그러자 다른 사나이가 대답했다.

"'우리'라고 하지 말게. '내가' 당했다고 해야지. 얻은 물건을 친구와 함께
나눠 갖지 않으려는 사람은 위험이 닥칠 때도 친구와 그 위험을 나누기를 기
대해서는 안 되지. 이 점을 잊지 말게."

두 사나이의 우화를 통해 진정한 친구란 어떤 존재인지 생각해보게 된다. '우리'가 되느냐, 아니냐의 기준은 무엇일까? 당신에게는 '우리'라고 부를 진정한 친구가 몇 명쯤 되는가?

진정한 친구는 나를 바꾸려고 하지 않는다. 나를 있는 모습 그대로 수용하고 응원해준다. 섣부르게 조언하기보다는 그저 묵묵히 내 이야기를 경청한다. 진정한 친구는 내 성장에 행복해하며 물리적으로 떨어져 있어도 심리적으로는 늘 곁에 머물러 있다.

또한 기쁘고 좋은 일에 함께하는 것도 중요하지만 슬프고 속상하고 힘들 때, 삶에서 거센 파도를 만나 역경 속에 있을 때 어깨를 빌려주고, 함께해주는 이가 진정한 친구다.

최근 20대를 대상으로 조사한 한 설문조사에서 SNS 플랫폼 〈페이스북〉(현재 〈메타〉)에서 교류하는 친구 수를 묻자, 응답자의 29%는 100~200명이라고 대답했다. 50~100명은 16.8%, 200~300명이 16.2%로 그 뒤를 이었다. 하지만 '진짜 친구'는 몇 명쯤 되느냐의 질문에는 남성 응답자 평균이 5.2명, 여성 응답자 평균은 4.7명 정도에 불과했다. 친구 관계에서도 양보다 질이 더 중요하다.

날짐승과 들짐승과 박쥐

The Birds, the Beasts, and the Bat

옛날 옛적에 육지에 사는 들짐승과 하늘의 날짐승이 전쟁을 벌였다. 한동안 전쟁의 승패가 나지 않았다. 그래서 박쥐는 일단 애매한 본성에 따라 이 싸움에 참여하지 않고 중립적인 입장을 취했다. 마침내 전세가 들짐승 쪽으로 기우는 것처럼 보이자 박쥐는 그들 편을 들어 열심히 싸웠다. 그러나 마침내 날짐승의 승리로 전쟁은 끝났고, 박쥐는 그날 저녁 승리자의 편에 있었다. 평화 협정을 신속하게 맺은 뒤에 박쥐는 양쪽 모두에게 비난받았다. 들짐승이나 날짐승이나 어느 쪽도 박쥐를 받아주지 않는 데다 평화 협정 조건에서도 제외되어 남의 눈을 피해 살금살금 달아날 수밖에 없었다. 그 뒤부터 지금까지 박쥐는 더러운 굴속이나 구석에 살면서 황혼 녘이 아니고서는 감히 얼굴을 드러내지 않게 되었다.

우화 속 박쥐는 기회주의자 캐릭터로 어느 곳에서도 사랑받지 못한다. 어느 한 쪽의 입장을 취하지 않고 자신에게 이익이 되는 곳에 그때그때 붙어사는 얄미운 캐릭터다.

보통 두 마리 토끼를 잡으려고 하는 사람은 한 마리도 잡지 못한다는 것이 전통적인 해석이지만, 유연한 인간관계를 위해서는 가끔 박쥐의 태도를 취하는 것도 유익하다. 단, 조건이 있다. 자신만의 안위가 아닌 타인과의 관계 조율을 위해서일 때 유효하다.

가끔 상담사들은 고부간의 갈등에서 현명하게 대처하고자 하는 아들이자 남편에게 이렇게 조언하기도 한다. 박쥐 같은 태도를 취해보라고. 자신의 어머니에게 가서는 철없는 며느리 때문에 힘드시겠다며 이해해드리고, 아내에게 가서는 어머니가 원래부터 별나시니 당신이 이해하라고 편을 들어주는 것이다.

양쪽에서 다른 태도를 보이는 남편을 동시에 보면 이상해 보이지만 이런 태도를 취해서 양쪽의 마음에 다 공감하고, 갈등 관계에 윤활유 역할을 한다면 나름대로 지혜롭다고 할 수 있겠다. 박쥐 노릇을 하는 게 물론 쉽지 않지만 이런 상황에서는 그게 두 사람 사이 관계에 대한 배려가 될 수 있다.

사자와 염소

모든 짐승이 지독한 더위에 허덕이던 어느 여름날 사자 한 마리와 염소 한 마리가 갈증을 풀려고 조그마한 샘터에 찾아왔다. 그들은 곧 누가 먼저 물을 마시느냐를 놓고 다투기 시작했다. 양쪽 모두 죽음을 무릅쓰고라도 상대방과 싸우겠다는 결의를 굳히는 듯 보였다.

그러다 한숨 돌리려 싸움을 그치고 잠시 쉬고 있을 때 독수리 떼가 그들 머리 위를 맴도는 모습이 눈에 띄었다. 싸움에서 지는 쪽에 달려들려고 기다리는 터였다. 사자와 염소는 죽을 듯이 싸워 까마귀나 독수리 밥이 되느니 서로 화해하고 물이나 마시는 게 낫다는 데 뜻을 모으고 곧바로 싸움을 멈췄다.

어느 동물이든지 생존보다 더 중요한 건 없다. 실은 인간도 마찬가지다. 행복을 연구하는 심리학자들은 행복감도 생존을 위한 인간 진화의 산물이라고 주장한다. 먹는 즐거움을 느낄 수 있었던 인류가 살아남았고, 타인과의 관계를 중요하게 여기는 인류가 맹수의 공격에서 살아남았다는 것이다.

사자와 염소처럼 서로의 잘잘못을 따지고 힘을 겨루며 다투다가 공멸하기보다는 서로 화해하는 선택을 하는 것도 중요한 생존 전략 중 하나였다. 또한 이 우화에서 흥미로운 사실은 공공의 적, 즉 외부에서 적이 발견되었을 때 공동체의 내부 단합이 더욱 공고해진다는 것이다. 여기서 인간관계의 역동이 그대로 드러난다. 하지만 공공의 적이 등장한다고 해서 우리 인간 사회에서도 과연 사자와 염소처럼 갑자기 갈등을 해소하고 화해할 수 있을까?

갈등의 해결은 물을 뿌려 불을 끄듯이 재를 보는 일이 아니다. 그 해결 방안을 갈등葛藤이라는 한자어에서 찾을 수 있지 않을까 싶다. 갈등은 칡과 등나무가 서로 얽혀 있는 상태를 의미한다. 예로부터 동양에서 갈등 해결은 얽힌 관계를 차분히 풀어내는 일이다. 복잡다단한 일들과 감정이 얽힌 가운데 살아가는 한국인들에게는 더더욱 의미가 있다.

농부와 바다

The Farmer and the Sea

선원을 가득 태운 배 한 척이 파도에 휩쓸리는 모습을 보고 농부 한 사람이 큰 소리로 외쳤다.

"아, 바다야, 넌 얼마나 감쪽같이 속이기 잘하고 인정머리도 없단 말이냐! 겉으로는 그렇게도 매혹적으로 보이다가도 위험을 무릅쓰고 네 위에서 여행하는 사람들을 파멸로 몰다니!"

그러자 바다가 농부가 하는 말을 듣고는 여자의 목소리를 흉내 내 이렇게 대답했다.

"왜 저를 탓하는 겁니까? 이런 폭풍우는 제가 아니라 바람이 일으킨답니다. 바람이 저한테 몰아닥치면 저는 가만히 쉴 수가 없어요. 하지만 바람이 불지 않을 때 제 위에서 항해하면 당신은 '어머니 대지'보다 제가 더 상냥하고 더 온순하다는 걸 아실 텐데요."

우리는 불행을 경험하면 그 원인을 찾고 싶어 한다. 우화의 농부가 배를 휩쓸어간 바다를 책망하듯이 말이다. 하지만 사건의 발생 이유를 단 한 가지로 보기는 어렵다. 바다도 또 다른 원인을 찾고 있다. 자신은 가만히 있으면 평온한데, 난폭한 바람 때문에 파도가 생기는 거라고 그 책임을 바람에게 전가한다. 이렇게 하나의 원인에서 결과가 발생한다고 보는 '선형적 인과관계'가 과연 늘 옳을까?

시스템 연구자들은 생태계에서 일어나는 모든 일의 원인도, 인간관계 갈등의 원인도 단 한 가지가 아니라고 설명한다. 오히려 여러 원인이 마치 거미줄 망web처럼 얽혀 있다고 설명한다.

가족이 겪는 관계 상황에서도 갈등의 원인을 한 사람에게 모든 책임을 전가하기 쉽다. 그러나 사실 가족이 불화한 데에는 구성원 모두에게 조금씩 책임이 있고, 문제의 원인은 실타래처럼 얽혀 있어서 모두가 함께 차분히 풀어가야 한다.

사자와 함께 사냥을 간 짐승들

The Lion and the Other Beasts Who Went Out Hunting

사자와 다른 짐승들이 한 패거리가 되어 사냥하러 나갔다. 그들이 살찐 수 사슴 한 마리를 잡은 뒤에 사자는 스스로 그 수사슴을 세 몫으로 나누는 일을 맡겠다고 했다. 가장 좋은 부위를 자신이 차지하면서 사자가 말했다.

"공식적으로 내가 왕의 역할을 맡았으니 이 첫 번째 몫은 당연히 내 거야. 이 두 번째 몫은 내가 직접 사냥에 참여한 몫이고. 이 세 번째 몫으로 말하자면, 감히 그걸 차지하고 싶은 자가 있으면 어디 한번 차지해보시지."

우리는 어린 시절부터 '동방예의지국'이라는 말을 우리나라를 상징하는 고유명사라도 되는 듯이 배우며 자라왔다. 그러나 이 말은 본래 중국이나 일본이 우리나라를 속국화하기 위해 외교적으로 교묘히 사용한 말이라는 걸 아는가.

원나라와 명나라 시절, 자칭 대국 중국을 위해 때마다 인삼 공물을 바치고, 공녀라 칭한 15세 미만의 어린 소녀들을 강제 이주시키기도 했다. 일제 강점기 때 일본인들도 식민지 백성인 우리나라 사람들을 고분고분 말 잘 듣는 사람들로 세뇌하기 위해 '동방예의지국'이라는 말을 일부러 사용했다고 한다.

최근 한국인들의 선호 가치가 수평적 관계로 변모하고 있다. 상급자와 하급자 간의 불평등 관계에서 나이와 역할은 다르지만 한 인간으로서 동등하게 존중받기를 원하는 마음을 적극적으로 표현한다. 예의범절을 지키는 상하관계가 때로는 필요하지만, 수평적 존중 관계를 통해 서로가 누리는 이익이 훨씬 더 크다. 우리가 사는 시대에 더는 이 사자와 같은 사람이 설 자리가 없어야 한다.

사자와 세 고문顧問

The Lion and His Three Councilors

사자가 양을 불러 자기 입에서 고약한 냄새가 나느냐고 물었다. 양이 그렇다고 대답하자 사자는 "이 바보 같은 놈!" 하고 양의 머리를 물어뜯었다. 사자는 늑대를 불러 같은 질문을 했다. 늑대가 아니라고 대답하자 사자는 "이 아첨꾼!" 하고는 늑대를 갈기갈기 찢어발겼다. 마침내 사자는 여우를 불러 똑같이 물었다. 그러나 여우는 감기에 걸려 냄새를 맡을 수 없다면서 거듭거듭 사과했다.

중국 노나라 사상가 묵자는 인간관계와 처세술에 관해 많은 명언을 남겼다. 그는 일찍이 '겸애兼愛'의 개념을 제시하면서 모든 사람을 차별하지 않고 똑같이 사랑해야 한다는 '평등 사랑'을 주장한 철학자다. 그는 인간관계에서 지혜로운 사람은 때와 장소, 사람을 가릴 줄 알아야 한다고 주장했다. 영리한 사람은 자신의 영리함을 깊숙이 묻어두고 필요할 때만 사용한다고 한다.

또한 지혜로운 사람은 자신의 재능을 지나치게 드러내지 않는다. 지혜로운 사람은 상황에 따라 사람들에게 자신의 빛을 감추고 우둔함을 보여준다. 이렇게 함으로써 관계 안에서 자신을 보호하고 불화를 일으키지 않으려 할 때 자신의 재능을 더 잘 발휘할 수 있게 된다고 했다.

묵자의 조언을 들으니 우화 속 여우가 떠오른다. 마치 바보처럼 사과하는 여우의 지혜가 느껴지는가? 때로는 잘난 척 즉답하는 대신, 자신의 우둔함을 내세워 위기를 모면하는 방법 말이다.

비둘기와 개미

The Dove and the Ant

개미 한 마리가 갈증을 풀려고 샘터 곁으로 가다가 그만 샘으로 굴러떨어지고 말았다. 그때 마침 옆의 나무에 앉아 있던 비둘기 한 마리가 개미가 위험에 빠진 걸 보았다. 그래서 비둘기는 나뭇잎 하나를 따서 물 위에 던져주었다. 개미는 그 나뭇잎 위에 올라타 무사히 샘 기슭에 닿았다.

얼마 후 새를 잡는 사나이가 오더니 비둘기에게 살며시 다가가 그물을 펼쳐 비둘기를 잡으려고 했다. 개미는 이를 알고 그 사나이의 발꿈치를 힘껏 깨물었다. 사나이는 소리를 지르며 그물을 떨어뜨렸다. 그 소리에 자신이 위험에 빠진 걸 알아챈 비둘기는 무사히 날아갔다.

상담에서 내담자들이 자주 호소하는 문제 중 자신은 선의로 행동했는데, 상대가 악의로 갚았다는 이야기를 할 때가 많다. 심지어 부부 사이에서 배우자에 대해 이렇게 이야기하는 경우도 있다. 어쩌면 보답을 바라고 한 일은 선행이 아니라 거래라고 부르는 게 맞을지도 모르겠다.

다른 사람을 위해 호의를 베풀고 실망한 적이 있다면 스스로 자문해보라. 호의를 베푸는 그 자체가 좋아서가 아니라 '내가 이렇게 하면 상대방도 그 정도는 해주겠지?'라고 생각하며 자기 마음속에 특별한 기대를 품지는 않았는지.

비즈니스 관계가 아니라면 대부분의 인간관계에서 호의는 보답을 바라지 말고, 거침없이 주어야 정신 건강에 유익하다. 호의는 그 자체로 자신에게 심리적 만족감과 성숙한 행동을 했다는 뿌듯함을 준다. 보상은 이미 받은 것이다.

늑대와 양치기들

The Wolf and the Shepherds

늑대 한 마리가 오두막집을 들여다보니 양치기들이 편안한 모습으로 양고기 요리를 맛있게 먹고 있었다. 그러자 늑대가 말했다.

"우리가 저렇게 저녁으로 양고기를 맛있게 먹는 걸 보면 사람들이 아마 난리를 피우겠지."

상담에서 자주 듣는 내담자의 말이 있다. "그렇게 생각해본 적은 없었어요."
대개 자기 입장에서만 생각하는 좁은 시야에서 벗어날 때 하는 말이다. 그럴
때 내담자들은 더 많은 것을 보고 더 많은 사람을 이해하게 된다.

늑대의 입장에서 양을 돌보면서 또 잡아먹기도 하는 양치기의 모습이 어
떻게 보일까? 양치기의 이중적인 모습을 납득할 수 있을까? 그러나 양치기
에게도 사정은 있다. 양은 재산인 동시에 좋은 먹거리가 되어주는 고마운 동
물이다. 그래서 늑대에게서 악착같이 지켜내고 배고플 때는 식량으로 삼는
것이다.

상대방의 형편이나 처지에서 생각하고 이해하려는 노력은 언제나 필요
하다. 입장을 바꿔 생각해보면 사실 이해 못 할 일, 절대 용서하지 못할 사람
도 없다. 보통은 그 상황에서 다 그들만의 어쩔 수 없는 사정과 이유가 존재
하기 마련이다.

미니멀리즘의 미학

전 세계 어디를 보더라도 우화가 없는 나라나 민족은 거의 없다. 독립적인 이야기이건 민담의 일부이건 세계의 모든 나라나 민족에는 그들 나름의 우화가 있기 마련이다. 이렇게 인류 역사와 함께한 우화는 지금까지 서양 문화권에서 매우 중요한 위치를 차지했다. 가령 기원전 8세기 무렵 헤시오도스Hesiodos는 《일과 나날 *Works and Days*》이라는 작품에 우화를 집어넣었다. 호라티우스Horantius의 〈시골 쥐와 도시 쥐〉, 중세 프랑스에서 유행한 〈여우 이야기〉, 17세기 프랑스의 시인 장 드 라퐁텐의 우화에 이르기까지 우화는 서양에서 아주 융숭한 대접을 받아왔다.

이러한 사정은 동양 문화권에서도 마찬가지여서 석가모니는 도덕이나 윤리를 가르칠 때 동물 우화를 즐겨 사용했다. 예를 들어 인도의 《판차탄트라 *Pancatatra*》는 동양의 가장 대표적인 우화집이고, 흔히 '자타카'로 일컫는 《본생담本生譚》은 팔리어로 쓰인 고대 인도의 불교 설화집이다. 노자의 《도덕경》과 함께 도가道家 사상의 주춧돌이라고 할 《장자》에도 우화의 성격이

짙은 이야기가 많다. 한국에서도 단군의 건국 신화를 비롯하여 민담이나 전래 동화에서 곰 같은 동물이 등장하는 것을 쉽게 찾아볼 수 있다. 큰비만 내리면 어머니를 생각하며 슬피 운다는 청개구리 이야기를 모르는 사람은 아마 거의 없을 것이다.

그러나 우화라고 하면 역시 고대 그리스의 아이소포스Aἴσωπος, 이른바 이솝Aesop이 쓴 우화 모음집《아이소피카Aἰσώπου Μῦθοι》가 단연 첫손가락에 꼽힌다. 바로 그동안《이솝 우화Aesop's Fables》로 널리 알려진 이야기 모음집이다. 세계문학을 통틀어 흥미와 도덕, 형식 등에서《이솝 우화》를 따를 만한 작품이 없다. 이솝 하면 우화를, 우화 하면 이솝이 금방 떠오를 만큼 모든 우화 중에서 가장 오랫동안 읽혀왔을 뿐 아니라 가장 널리 알려져왔다. 동양과 서양을 가르지 않고 이솝이 쓴 몇몇 우화는 뭇사람의 마음에 깊이 새겨져 있다. 그래서 그는 그동안 이야기꾼의 원형으로 자리 잡았고, 그의 우화는 인간의 집단 무의식의 일부가 되다시피 했다. 가령 토끼와 거북이가 경주를 벌여 거북이가 이겼다는 이야기라든지, 여름철에 개미는 부지런히 일하지만 베짱이는 노래만 부르며 놀다가 한겨울에 비참해졌다는 이야기를 모르는 사람은 거의 없다시피 하다.

이렇듯 현대 사회의 일상 언어생활에서도《이솝 우화》가 차지하는 몫이 무척 크다. 우리가 흔히 거짓말쟁이를 가리키는 '양치기 소년'이나, 이룰 수 없는 것을 악담하거나 자위하는 행동을 두고 이르는 '신 포도'니 하는 말은 하나같이《이솝 우화》에서 비롯했다. 2000년 초엽 남북한 화해 분위기와 더불어 부쩍 자주 듣던 '햇볕 정책'이라는 말도 〈바람과 해〉의 우화에 뿌리를 둔다. 이 우화에서 바람과 해는 누가 먼저 나그네의 외투를 벗기는지 내기를 벌이는데, 힘으로 밀어붙이는 바람은 지고 따뜻한 햇볕을 보내는 해가 시합에서 이긴다. 이 우화는 부드러움이 오히려 힘이 세다는 역설적 진리를 말할 때면 늘 약방의 감초처럼 자주 사람들의 입에 오르내린다.

플라톤은 소크라테스가 감옥에 갇혀 죽기 전 옥중에서 그동안 산문으로 된 《이솝 우화》를 운문으로 옮겼다고 전한다. 아리스토텔레스는 이솝의 행적을 민중의 변호자로 언급했다. 플루타르코스는 그를 고대 그리스 시대에 활약한 '일곱 현자' 중 한 사람으로 꼽았다. 이 밖에도 아리스토파네스 같은 고대 그리스 극작가들이 이솝과 그의 작품을 언급했다.

오늘날 전하는 《이솝 우화》는 이슬람 문화권의 고전 《아라비안나이트》처럼 이솝 한 사람이 창작했다기보다는 입에서 입으로 전해오던 여러 구전 설화를 재구성했다고 보는 쪽이 옳다. 메소포타미아 지방과 지중해, 인도와 중국 같은 동양에도 동물을 중심으로 한 우화가 성행했다. 가령 자기 깃털로 만든 화살에 맞아 다치는 독수리 이야기 〈독수리와 화살〉은 그리스의 비극 작가 아이스킬로스가 쓴 우화이고, 독수리에게 복수하는 여우 이야기 〈독수리와 여우〉는 기원전 7세기에 활약한 그리스 시인 아르킬로코스가 쓴 우화로 알려져 있다. 한편 고개를 높이 쳐들고 하늘의 별만 바라보며 길을 걷다가 땅 밑의 깊은 우물에 빠진 천문학자에 관한 우화 〈천문학자〉는 실제로 탈레스에게 일어난 일화다. 플라톤은 이솝이 직접 쓴 우화는 한 편도 없다고 주장했지만 그 말은 받아들이기 어렵다. 이솝은 자신이 쓴 우화에 당시 널리 떠돌던 우화를 한데 모았을 가능성이 높다. 마찬가지로 이솝의 후대에 다른 작가들이 다른 우화를 덧붙여놓았을 것이다. 그리하여 후대에 내려오면 내려올수록 우화의 내용은 더욱더 풍부해졌다.

전 세계 문학사에서 《이솝 우화》만큼 그렇게 널리 읽힌 책도 드물다. 이 책은 지금까지 《성경》 다음으로 가장 많이 팔리고 가장 널리 읽힌 책으로 꼽힌다. 《성경》만 보더라도 비기독교 문화권에서는 좀처럼 읽지 않지만 《이솝 우화》는 종교와 관계없이 누구나 읽으므로 어떤 면에서는 기독교 경전보다도 독자층이 훨씬 더 두껍다. 서양과 동양의 여러 언어로 번역된 《이솝 우화》는 지금까지 수많은 독자가 즐겨 읽어왔다. 그렇다면 《이솝 우화》가 이렇게 뭇사람에게 사랑을 받아온 까닭은 무엇일까?

첫째, 《이솝 우화》는 활자 매체를 빌려 책으로 출간되면서 영어, 프랑스어를 비롯해 고대 그리스어와 라틴어 같은 언어를 가르치는 교재로 사용되었다. 이 우화집은 학생들이 철자를 읽히고 문법을 배우는 데 좋은 교재였다. 고대 그리스에서 폭군 정치가 끝나고 민주 정치가 들어서면서부터 수사학자들은 《이솝 우화》를 수사학의 기교를 보여주는 본보기로, 문법학자들은 문법을 설명하는 더할 나위 없이 좋은 본보기로 삼았다.

둘째, 《이솝 우화》는 식사하고 난 뒤 나누는 가벼운 한담의 주제로도 큰 인기를 끌었다. 현대 사회에서 사람들이 식사를 마친 뒤 후식을 먹거나 커피나 차를 마시듯이, 옛날 사람들은 식사가 끝난 뒤 이솝의 우화 몇 토막을 화제로 삼아 이야기꽃을 피웠다. 요즘과는 달리 마땅한 오락거리가 없던 무렵 우화는 더할 나위 없이 좋은 화젯거리였다. 더구나 언로言路가 막혀 있던 시대, 식사 후 오락거리로 나누는 우화는 사회 비판이나 정치 풍자의 기능을 했다. 예나 지금이나 비판이 자유롭지 못하면 으레 사람들은 다른 틀을 빌려 풍자하기 마련이다. 이 무렵 사람들이 우화를 좋아한 것은 그만큼 언론의 자유가 위축되었다는 뜻이다.

셋째, 《이솝 우화》는 어린이들을 위한 도덕과 윤리를 가르치는 수신修身 지침서로도 각광을 받았다. 예를 들어 〈여우와 황새〉는 남을 골탕 먹이면 반드시 그 대가를 치른다는 교훈을, 〈비둘기와 개미〉는 남에게 빚진 은혜를 갚으려는 사람에게는 늘 기회가 있기 마련이라는 교훈을 담고 있다. 〈나그네와 곰〉은 믿을 만한 친구는 위기를 겪어봐야 비로소 알 수 있다는 교훈을, 〈까마귀와 물병〉은 무엇인가 간절히 원할 때에야 비로소 머리를 써서 방법을 찾는다는 교훈을 지닌다. 그런가 하면 〈여우와 까마귀〉는 지나친 자만심이나 아첨을 경계하는 교훈으로 읽을 수 있다. 이렇듯 《이솝 우화》는 그 내용을 한두 마디 격언이나 경구로 요약할 수 있다. 실제로 어떤 다수의 판본에서 우화의 맨 첫머리나 끝부분에 그 이야기가 의도하는 교훈을 덧붙이기도 했다.

여기서 한 가지 눈여겨볼 것은 이솝이 긍정적 예시 방법과 부정적 예시 방법의 두 가지 방식을 사용한다는 점이다. 다시 말해서 그는 사람들에게 좋은 본보기 행동을 보여주면서 그에 따라 행동하도록 가르치는 방법과 함

395

께 반대로 좋지 않은 경우를 보여주면서 그렇게 해서는 안 된다고 가르치는 방식도 사용한다.

《이솝 우화》는 어린이에게 도덕과 윤리를 가르칠 뿐 아니라 어른에게도 적잖이 교훈을 준다. 우화가 전하는 내용은 인간이라면 누구나 마땅히 지켜야 할 도덕과 윤리이자 살아가는 데 필요한 지혜요, 진리이기 때문이다. 우화는 언뜻 보면 그 내용이 무척 진부해 보이지만 그 속에 세월의 풍화에도 변함없는 영원한 진리를 간직하고 있다. 그러한 진리 중에서도 적자생존의 개념은 아마 첫손가락에 꼽힐 것이다. 찰스 다윈이 생물 진화론을 발표하기 훨씬 전에 이솝은 이미 우화 형식을 빌려 이 생존 원리를 역설했다. 이솝은 사람들에게 "힘이 곧 정의"로 통하는 세계에서 어떻게 살아남을 수 있는지 그 방법을 제시해준다. 사회적 약자들은 스스로 살아남는 방법을 터득하지 않으면 힘이 있는 사람들에게 착취당하거나 파괴될 수밖에 없었다. 이솝이 노예 신분이었던 만큼 그의 우화는 노예 사회 및 노예 언어와 깊이 연관되어 있다. 그러므로 우화가 전하는 메시지나 경고는 추상적 개념이 아니라 억압받은 사람들의 구체적인 경험에서 나온 살아 숨 쉬는 교훈이다. 다만 위정자들과 압제자들에게 드러내놓고 말할 수 없는 상황에서 그는 동물과 무생물을 상징적 기호로 삼아 표현했을 뿐이다. 이 점에서 이솝의 우화는 전형적인 동물 우화와는 성격이 조금 다르다.

《이솝 우화》는 형식과 기교에서 해학, 솔직함, 명료성을 강조한다. 이 우화는 한마디로 촌철살인의 묘를 아주 효과적으로 살린 문학 작품이다. 우화 한 편은 짧게는 두세 문장, 아무리 길어도 두 쪽을 넘지 않는다. 짧은 몇 마디 문장으로 된 이야기가 날카로운 비수처럼 뭇사람의 폐부를 찌른다. 동화나 전설 또는 비유담 같은 장르와 구별되는 것도 바로 간결 명료함에 있다. 요즘은 "작은 것이 아름답다"는 슬로건 아래 크고 거창한 것보다는 작고 실속 있는 것이 각광받고 있다. 문학과 예술에서는 이미 '미니멀리즘'이라는 이름으로 이러한 경향이 자리 잡았다. 《이솝 우화》는 바로 이 미니멀리즘의 첫 장을 여는 작품이라고 해도 크게 틀리지 않는다.

이렇듯 《이솝 우화》가 세계문학에 끼친 영향은 결코 적지 않다. 동서양을 가르지 않고 지금까지 많은 문학가가 이솝의 우화에서 예술적 자양분을 섭취해왔다. 이 우화는 비단 문학에 그치지 않고 철학, 종교, 문학, 예술에 걸쳐 폭넓게 영향을 끼쳤다. 이는 《이솝 우화》가 단순히 해학적이고 교훈적인 이야기를 뛰어넘어 인간의 본성에 호소하는 어떤 깊은 의미를 간직하고 있기 때문일 것이다.

옮긴이 김욱동 (문학비평가)

상담학자와 함께 읽는 이솝 우화
삶의 역경 앞에서 발견한 가장 오래된 지혜

1판 1쇄 발행   2024년 4월 10일

지은이   이솝
옮긴이   김욱동
교훈   권수영 김태우 이헌주
펴낸곳   (주)문예출판사
펴낸이   전준배

기획·편집   이효미 백수미 박해민
디자인   최혜진
영업·마케팅   하지승
경영관리   강단아 김영순

출판등록   2004.02.11. 제 2013 - 000357호 (1966.12.2. 제 1 - 134호)
주소   04001 서울시 마포구 월드컵북로 21
전화   393 - 5681
팩스   393 - 5685
홈페이지   www.moonye.com
블로그   blog.naver.com/imoonye
페이스북   www.facebook.com/moonyepublishing
이메일   info@moonye.com
ISBN   978-89-310-2353-4 03180

잘못 만든 책은 구입하신 서점에서 바꿔드립니다.

&문예출판사® 상표등록 제 40-0833187호, 제 41-0200044호